영문법

GRAMMAR

VERB, NOUN

독립

동사
명사

김경석 지음

신아사

* 이 도서는 2017학년도 경기대학교 연구년 수혜로 연구되었음.

머리말

우리말을 배울 때 문법에 대해 자세히 공부한 적이 없음에도 불구하고, 일상생활에서 의사소통에 지장을 초래할 문법적 실수는 거의 범하지 않는다. 그 이유가 무엇이냐고 묻는다면 대부분의 사람들은 "그냥 그렇게 사용하는 것 아는 것 아닌가요?"라고 오히려 되묻는다. 그동안 습득한 감(感)에 의존한다는 의미이다. 이를 비유삼아 영어를 배울 때도 문법을 의도적으로 가르치지 말고 자연스럽게 체득하는 것이 좋다는 주장을 가끔 접한다. 하지만 우리가 일상 속에서 우리말을 매일같이 사용하는 조건과는 다르게 영어에는 가끔씩 노출이 되므로 영어 문법은 의도적으로 배우지 않으면 안 된다.

이 책에서는 영문법의 가장 핵심적인 요소들을 글로 자세히 설명하고 있다. 또한 기존의 단순히 예문만 나열하거나 간단한 설명만 하는 문법책과는 달리 이해를 돕기 위해 매우 다양한 시각적 수단을 동원하였다. 그리고 흔히 범하는 실수가 무엇이며 어디에서 기인하는 지 설명하였다. 아울러 책을 통해서 배운 내용을 잘 이해하고 있는지 스스로 확인할 수 있도록, 우리나라에서 실시하고 있는 다양한 영어 기출 시험 문항들을 영역별로 제시하고 자세한 설명을 덧붙였다. 아무쪼록 영문법 학습을 공고히 하는데 이 책이 도움이 되었으면 하는 바람을 가져본다.

목차

I. 동사

II. 명사

영문법 독립

동사, 명사

I

동사

1 타동사 vs. 자동사

타동사는 목적어를 필요로 하며 그 목적어는 동사의 행동에 영향을 받는다. 목적어의 존재 여부는 다음과 같은 질문에 답할 수 있느냐에 달려있다.

◇ 주어 + 동사 + what 또는 whom?

a. She is eating a sandwich. > She is eating what? > a sandwich

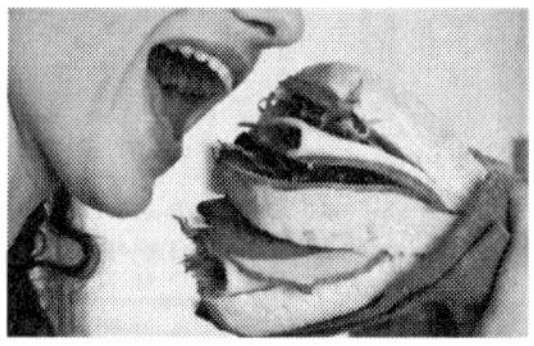

b. He met Susan at the ceremony. > He met whom? > Susan

위 두 문장에서 what과 whom에 해당하는 것들이 목적어이다. 한편, 자동사는 목적어를 필요로 하지 않으며 전치사구나 부사가 이어질 수 있다. 따라서 다음과 같은 질문에 답할 수 있을 경우 자동사에 해당한다.

◇ 주어 + 동사 + when, how, 또는 where?

c. The store closes at nine. > The store closes when? > at nine
d. The book sells well. > The book sells how? > well
e. Jenny is going to church. > Jenny is going where? > church

그런데 상당수의 동사들은 타동사로 쓰이기도 하고 자동사로 쓰이기도 하므로 문법적으로 옳고 그름은 문맥에 따라 결정된다.

f. The car runs on solar power. > The car runs how?
> on solar power
g. David runs a huge supermarket. > David runs what?
> a huge supermarket
h. He opened the package. > He opened what?
> the package
i. The store opens early on Saturday. > The store opens when?
> early on Saturday

2 자동사로 흔히 착각하는 타동사

a. ~~Will you marry with me?~~ ⇨ Will you marry me?

위 문장은 한국어의 간섭이 나타나는 대표적인 오류 문장이다. "나와 결혼해줄래?"라는 문장에서 "와"라는 조사로 인해 'with'를 포함하는 경우가 흔한데, 'marry'는 타동사로 목적어가 바로 뒤따른다. 다음의 단어들이 자동사로 흔히 착각하는 대표적인 타동사들이다.

marry kiss answer enter suit discuss mention resemble reach attend join smell thank sign

b. ~~I kissed to her after the bell rang.~~
⇨ I kissed her after the bell rang.

c. ~~No one could answer to the question.~~
⇨ No one could answer the question.

d. ~~We discussed about the new proposal.~~
⇨ We discussed the new proposal.

e. ~~He doesn't resemble to his brother.~~
⇨ He doesn't resemble his brother.

f. ~~She almost reached to(at) the station.~~
⇨ She almost reached the station.

g. ~~John attended to college.~~
⇨ John attended college.

h. ~~They joined in the army in the same year.~~
⇨ They joined the army in the same year.

i. ~~He smelled at the flower along the road.~~
⇨ He smelled the flower along the road.

j. ~~She thanked to us for helping her with the project.~~
⇨ She thanked us for helping her with the project.

k. ~~He signed on the contract without reading it carefully.~~
⇨ He signed the contract without reading it carefully.

3 타동사로 흔히 착각하는 자동사

a. ~~Would you like to listen some music?~~

⇨ Would you like to listen to some music?

"음악 좀 들을래?"라는 우리말 문장에서는 '음악'이 '듣다'의 목적어 역할을 한다. 따라서 영작을 할 때 'listen' 다음에 바로 목적어 'music'을 사용하는 경우를 종종 볼 수 있다. 하지만 listen은 자동사로서 목적어 없이 독립적으로 존재할 수 있으며(예 I am listening.), 의미상으로 '듣는 것의 대상'이 필요한 경우는 전치사의 도움을 필요로 한다. 다음의 단어들이 타동사로 흔히 착각하는 대표적인 자동사들이다.

listen consist arrive graduate complain interfere agree object wait

b. ~~The crowd consisted college kids.~~

⇨ The crowd consisted of college kids.

c. ~~They finally arrived a decision.~~

⇨ They finally arrived at a decision.

d. ~~He graduated college last year.~~

⇨ He graduated from college last year.

e. ~~She never complains the weather.~~

⇨ She never complains about the weather.

f. ~~The rain interfered our plan.~~

⇨ The rain interfered with our plan.

g. ~~David agrees the value of the painting.~~

⇨ David agrees with the value of the painting.

h. ~~Many people objected the idea.~~

⇨ Many people objected to the idea.

i. ~~I waited the guests to arrive.~~

⇨ I waited for the guests to arrive.

⚠ wait와 같은 의미의 단어인 await는 타동사로 전치사 없이 목적어를 쓴다.

- We must await the results of the experiments.
- A pretty challenging task awaited James.

4 동사 원형만 가능한 경우

다음의 경우에는 언제나 동사 원형을 사용한다.

1. 조동사(can, could, may, might, must, ought to, shall, should, will, would, do 등) 2. to-부정사의 to 3. 강조, 권유의 do 4. had better 5. would rather	+	동사원형

1. a I will give you a call in a week.
1. b I might be working next Saturday.
➜ 동사 원형 be는 진행시제에 필요한 조동사 역할 수행
1. c We should have bought there.
➜ 동사 원형 have는 완료시제에 필요한 조동사 역할 수행
1. d Tom doesn't smoke any more. ➜ do + not + 동사 원형

2. a It is time for me to leave now. ➜ 'to-부정사'의 to + 동사 원형
2. b ~~Janet decided to stopping all her SNS activities.~~
➜ 'to-부정사'의 to 이므로 동사 원형 사용해야함.
⇨ Janet decided to stop all her SNS activities.
2. c ~~The governor is strongly opposed to legalize sports betting.~~
➜ 이 문장에서 to는 'to-부정사'가 아니라 전치사이므로 동명사가 필요.
⇨ The governor is strongly opposed to legalizing sports betting.

3. a I do like your hair style. ➜ 강조의 do + 동사 원형
3. b Do take your coat off. ➜ 권유의 do + 동사 원형

4. a You had better check your email right away.
4. b ~~You had better to get a taxi not to miss the flight.~~
⇨ You had better get a taxi not to miss the flight.

5. a I would rather go today than tomorrow.
5. b ~~They would rather sent it to a mechanic.~~
⇨ They would rather send it to a mechanic.

5 동사 원형이 가능한 경우

다음의 경우에 동사 원형을 사용할 수 있다.

help, come, go + 동사 원형 가능

6. a Would you like to help raise funds for the organization?
6. b She helped take care of her grandmother.

⚠ help 다음에는 동사 원형이나 'to+동사 원형'을 사용할 수 있는데, 두 표현 사이에 의미 차이는 없다. 단, 'cannot help Ving'와 같은 숙어 표현은 help 뒤에 Ving가 온다.

- The actions helped (to) ease the tension between the two countries.
- I couldn't help laughing at his joke.
- ~~I couldn't help (to) laugh at his joke.~~

come과 go의 경우 단순 현재형으로 사용할 때만 동사 원형이 따른다.

7. a Come see us at the art festival.
7. b ~~A guard came take our names.~~
   ⇨ A guard came and took our names.
   ⇨ A guard came to take our names.
8. a Let's go get some pizza!
8. b ~~He went see a doctor after work.~~
   ⇨ He went to see a doctor after work.

⚠ 전치사 다음에는 명사 표현이 요구되므로, 동사 원형이 아닌 동명사(V-ing)를 사용한다. 그런데 매우 특이한 경우로 '~를 제외하곤' 의미를 지닌 전치사인 but과 except 다음에는 'to+동사 원형' 또는 '동사 원형'을 사용할 수 있다.

- We had no choice but to leave.
- They have done nothing but argue all afternoon.
- She did nothing except cry.
- I can do nothing except to say congratulations to him.

6 사역동사, Part 1

영어 학습자들에게 타동사, 자동사만큼 친숙한 동사 종류 중의 하나가 make, let 등을 지칭하는 사역동사이다. 다른 영어 문법 용어들도 마찬가지지만 이 동사들을 접할 때 마다 쉬운 우리말 표현대신에 이런 어려운 용어를 사용하게 되었는지 궁금할 때가 많다. 사역동사(使役動詞)는 '문장의 주어가 자기 스스로 어떤 일을 하지 않고 남에게 그 일을 하게 함을 나타내는 동사'를 의미한다. 다음과 같은 동사들이 사역동사에 해당 한다: make, let, have, get, cause, allow, help, enable, keep, hold, require 등.

⚠ 사역동사하면 학습자들이 바로 떠올리는 것이 목적어 다음에 동사 원형을 써야한다는 것이다. 하지만 일부 사역동사에 국한된 것이며 그것도 목적어에 따라 달라질 수 있다.

1	make, let, have	목적어	동사 원형	목적어가 이 행동을 스스로 할 수 있을 때
			과거 분사	스스로 할 수 없을 때
2	get, cause, force, require, keep, enable	목적어	to+동사 원형	스스로 할 수 있을 때
			과거 분사	스스로 할 수 없을 때
3	help	목적어	동사 원형 또는 to+동사 원형	스스로 할 수 있을 때
			과거 분사	스스로 할 수 없을 때

1. a Nobody made the man go to war. He volunteered.
1. b I couldn't make myself understood.
1. c David's parents let him stay out late tonight.
1. d The teacher had the students listen to the song.
1. e I had the white hair removed.

2. a Ellen got Mary to type her paper.
2. b I don't know how to get the homework done efficiently.
2. c The situation requires me to take immediate action.
2. d This money will enable me to open my own business.

3. a She helped him (to) understand the situation.
3. b The task team helped the decision made about better production.

7 사역동사, Part 2

⚠ have, get을 활용한 구문이 때론 '어떤 일이 발생하게 하다'가 아니라 '어떤 일이 발생하다'의 뜻을 지니는 경우가 있다. 다음 문장처럼 주어가 직접 손 쓸 수 없는(out of control) 상황에서 생긴 일을 언급할 때이다.

- She had her purse stolen.
  ➜ 지갑을 도난당했다(지갑을 도난당하게 한 것이 아님).
- He got his arm bruised in the accident.
  ➜ 다쳐서 멍이 들었다(멍이 들게 타인을 시킨 것이 아님).

◇ 사역동사의 수동태는 가능?

목적어를 가지는 타동사는 기본적으로 수동태로 표현할 수 있다. 그러면 앞에서 다룬 사역동사들은 모두 수동태로 사용할 수 있는가? 그 답은 'No.' 일반적으로 let, have, get은 수동태로 거의 쓰이지 않고 make와 help 그리고 나머지 동사들만이 가능하다. Let 등이 수동태로 사용되지 않는 정확한 이유를 어떤 문법책에서도 찾아볼 수 없으므로, 관행적으로 사용하지 않는 것으로 설명할 수밖에 없겠다.

수동태가 가능한 make, help는 다음의 문장처럼 수동태에서는 동사 원형 대신에 to-부정사를 사용해야 한다.

a. They made him memorize all the names of bacteria.
  ⇨ He was made to memorize all the names of bacteria.

b. They helped Susan (to) get out of the country.
  ⇨ Susan was helped to get out of the country.

Cause, force, require, keep, enable 동사들의 경우는 능동태와 마찬가지로 to-부정사를 사용한다.

c. They required her to show up. ⇨ She was required to show up.

d. They forced the plane to make an emergency landing.
  ⇨ The plane was forced to make an emergency landing.

⚠ 능동태에서 목적어 다음에 사용된 과거 분사의 경우 수동태에서도 그대로.

- We kept it hidden under the bed. ⇨ It was kept hidden under the bed.

8 조건문 vs. 가정문

1. 그 사람이 도움을 요청한다면, 나는 기꺼이 도울 거야.
2. 그 사람이 복권에 당첨된다면, 그는 많은 돈을 기부할 텐데.

이 두 문장은 공통적으로 '~ 한다면' 표현을 포함하고 있다. 즉 어떤 전제 사항을 포함하고 있는데, 그 전제의 실현 가능성(probability)이 어느 정도인지에 따라 영어로 옮길 때 다른 구문을 사용해야 한다. 첫 문장의 경우, '그 사람'이 말하는 이의 주변 사람이라면 도움을 요청할 가능성이 어느 정도 있다. 이러한 경우에는 조건문을 사용한다. 반면에 두 번째 문장의 경우, 복권에 당첨될 확률은 절대적으로 희박하므로 이러한 경우에는 가정문을 사용한다. 이들을 영어로 옮기면 다음과 같이 표현할 수 있다.

1. a If he asks for my help, I will be glad to help him.
2. a If he won the lottery, he would donate a large amount of money.

즉, 1번 문장의 경우 미래 상황에 대한 조건문인 'If+주어+동사의 현재형, 주어+will+동사 원형'을 사용하고, 2번 문장의 경우 가정문인 'If+주어+동사의 과거형, 주어+would+동사 원형'을 사용한다.

⚠ 실현 가능성에 대한 판단은 어떻게?

위 1, 2번 문장처럼 실현 가능성이 상당히 대조적인 경우는 어떤 구문을 사용할 것인지에 대한 판단을 쉽게 내릴 수 있다. 하지만, 실현 가능성이 애매한 경우에는 어떤 구문을 사용할까? 그 결정은 전적으로 말하는 사람에게 달려있다. 비록 듣는 사람은 다른 판단을 할지 몰라도, 말하는 이가 생각하는 실현 가능성에 따라 구문을 사용하면 된다. 가령, "그가 차를 산다면, 그는 매일 운전할 거야." 문장의 경우 '차를 살 수 있는 가능성'에 대한 말하는 이의 판단에 따라 3 또는 4번 문장을 사용할 수 있다. 그리고 두 문장 모두 올바른 문장이다.

3. If he buys a car, he will drive every day.
4. If he bought a car, he would drive every day.

이처럼 영어 문법의 많은 요소들은 꼭 지켜야할 단 한가지의 규칙만 있는 것이 아니라 상황에 따라 가변적인 것들이 많다.

9 진실과 가정이 혼재 할 때

> 그가 대학을 졸업했다는 것을 알았더라면, 축하해주었을 텐데.

이 문장을 영작할 경우 '과거에 할 수 없었던 일을 가정하는 상황'이므로 가정문을 사용해야 한다. 그런데 문장 속에 '그가 대학을 졸업했다'는 부분은 실제로 일어났던 일이므로 일반적인 평서문이 필요하다. 이들을 고려하여 번역한 문장은 다음과 같다.

평서문

If I had known that he finished college, *I would have congratulated him.*

가정문

즉, 실제로 일어났던 일은 일반 시제의 쓰임을 그대로 따르고, 가정하는 상황에만 가정문을 사용한다. 몇 가지 예를 더 보면,

a. If he had watched the game which was really exciting, he would have really enjoyed it.

b. If someone knew that the child next door was being abused, he/she would certainly notify the police.

> 영어를 열심히 배웠더라면, 유창하게 잘 할 텐데.

위 문장은 가정을 하는 상황의 시간이 각각 다르다. 배우는 상황은 과거이고 유창하게 하지 못함을 아쉬워하는 상황은 현재이다. 따라서 가정문을 사용할 때 앞 절은 과거완료형을, 뒷 절은 과거형을 사용하여 다음과 같이 표현할 수 있다:

If I had studied English hard, I would speak it fluently now. 예를 더 들면,

c. If they had won the war, the country would still exist.

d. If Jason had talked to Sue about the matter, their relationship would be much better now.

e. If he had had his seatbelt on, he would play in the game instead of sitting on the bench.

10 Wish 가정문

If 를 활용한 가정문의 경우,

1. 현재의 상황을 가정할 때 'If 주어+동사의 과거형, 주어+would+동사 원형'을 사용한다.
2. 과거의 상황을 가정할 때 'If 주어+had+동사의 과거 분사, 주어+would+have+동사의 과거 분사'를 사용한다.

이처럼 시제에 따라서 매우 차이가 나는 표현을 사용한다. 하지만 wish를 활용한 가정문의 경우는 시제의 차이에도 불구하고 공통된 부분이 있다.

a. I wish I were(was) really rich.
b. I wish he wasn't here.
c. David wishes he could speak French.
d. He wishes he had won the match.
e. Janet wishes she had asked him more about the project.

a~c 문장은 현재의 시점에서 현재의 상황과는 다른 상황을 가정하는 문장이며(주어+wish+주어+본동사 또는 조동사의 과거형), d~e 문장은 현재의 시점에서 과거의 일에 대해 다른 상황을 가정하는 문장이다(주어+wish+주어+had+동사의 과거 분사). 이 두 유형의 공통점은 'wish'의 경우 현재 시제를 사용한다는 점이다. 즉, 가정의 대상이 현재의 일이든 과거의 일이든 간에, 지금의 시점에서 말을 할 때는 현재 시제를 쓴다. 가령 현재의 시점에서 과거의 일을 가정하는 경우라면, 다음의 두 문장은 틀린 문장이다.

f. ~~He wished he had won the match.~~
g. ~~Janet wished she had asked him more about the project.~~

하지만 과거의 시점에서 그 시점 이전의 일에 대해 가정을 할 때는 다음과 같이 wish의 과거형을 사용할 수 있다.

h. I wished I had met her at the ceremony.
i. I wished I had had more time to think about it.

11 시제 규칙을 초월하는 표현

동사	형용사
suggest, insist, demand, recommend	important, essential, vital, imperative, crucial

영어 학습자들이 접하는 거의 모든 영문법 책에서 위 표에 주어진 동사/형용사 다음에 이어지는 that절과 관련하여 다음과 같은 규칙을 제시하고 있으며, 이 규칙을 잘 이해하고 있는지를 묻는 문제가 우리나라의 각종 영어시험에서 최고의 빈도수를 나타내고 있다.

1. 주어 + 위 동사 + (that) + 주어 + (should) + 동사 원형
2. It + 동사 + 위 형용사 + (that) + 주어 + (should) + 동사 원형

여기에서 중요한 것은 밑줄 친 동사의 시제와 상관없이 that-절 이하에서는 (should)+동사 원형을 사용해야 한다고 규정하는 점이다. 예를 들어, 다음의 문장들이 모두 문법적으로 올바르다.

- I suggested (that) he should leave now.
- I suggested (that) he leave now.

이러한 규칙을 따르는 문장들의 예는 다음과 같다.

a. She insisted that the door should be left open.
b. I suggested you not leave the next day. ⇦ ... you (should) not leave
c. Julie demanded Tom come to the meeting.
d. The doctor recommended that he should give up smoking.
e. It is important that the lecture be informative.
f. It was vital that some treatment be given to him.

⚠ 모든 언어는 시간이 지나면서 형태나 사용에 있어서 변화를 겪는데, 그 변화는 어느 한 순간에 발생하지 않고 점진적으로 나타난다. 위 용법과 관련하여, 통상적인 시제의 일치를 따르지 않는 독특한 규칙에 대한 반발을 쉽게 접할 수 있다. 즉, 요즈음 들어서 많은 모국어 화자들이 위 규칙을 따르지 않고 다음 문장처럼 시제의 일치를 추구하는 경향을 보인다.

- His wife insists that he gives up smoking.
- It was important that James contacted his boss immediately.

12 시제는 징검다리

a. ~~Janet doesn't want to see the movie because she had already seen it.~~

b. ~~I felt terrible and I am going to catch a cold.~~

c. ~~They will clean the room since they hadn't done it for months.~~

위 문장들은 의미상으로는 큰 문제점이 없어 보인다. 특히 우리말로 번역할 경우에는 더욱 그러하다. "Janet은 그 영화를 이미 봤었기에 보고 싶어 하지 않는다." "몸 상태가 너무 안 좋았어. 그래서 감기에 걸릴 것 같아." "그들은 방을 오랫동안 치우지 않았었기에 청소하려고 한다."

그런데 위 세 문장은 공통적으로 한 가지 사항에서 오류를 범하고 있다; 두 절에 있는 동사들 사이의 시제 차이가 너무 크다는 점이다. 첫 번째 문장의 경우 현재 시제와 과거완료 시제가 한 문장에서 사용되고 있고, 두 번째 문장에서는 과거와 미래 시제, 그리고 세 번째 문장에서는 미래와 과거완료 시제가 쓰였다. 아래의 그림에서 보듯이 과거완료는 과거라는 기준 시점이 없이는 현재(완료) 시제와 같이 쓰일 수 없다. 또한 과거는 현재라는 기준 시점이 없이 미래 시제와 같이 사용할 수 없다. 즉 시제라는 징검다리를 하나씩 앞뒤로 나아가야지 건너뛰어서 나아갈 수는 없는 것이다. 각 문장을 수정해보면 "Janet doesn't want to see the movie because she already saw it." "I feel terrible and I am going to catch a cold." 그리고 "They will clean the room since they haven't done it for months."로 바꾸면 오류 없는 문장이 된다.

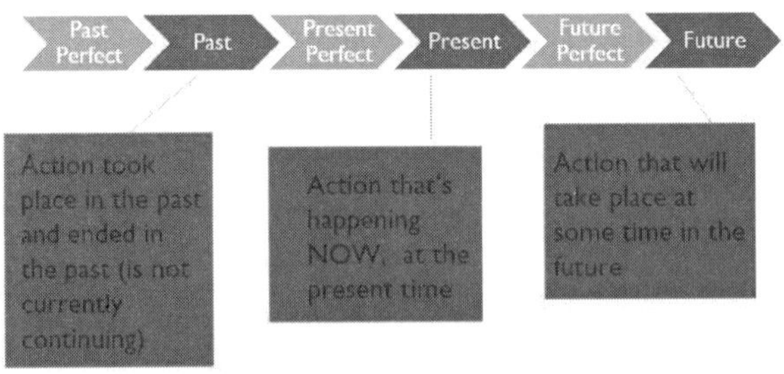

(출처: http://slideplayer.com/slide/4509378/)

13 언제나 현재 시제 사용

축구 경기 중계를 보면 "A 선수, B 선수에게 패스했습니다. B 선수 다시 C 선수에게 패스했습니다." 같은 아나운서의 말을 접하게 된다. 이러한 상황을 영작할 경우, 학생들은 "Player A passed to Player B. Then, Player B passed to Player C."처럼 하는 경우가 흔하다. 위 영작이 의미상으로 오류는 없다. 하지만 영어 사용의 관행에서 벗어난 한 가지가 있다. 다름 아닌 '동사의 시제'이다. 운동 경기나 어떤 상황을 실시간으로 중계할 때 계속적으로 이어지는 일들은 모두 '현재 시제'를 사용한다. 위의 축구 중계를 예로 들면, 다음과 같이 표현할 수 있다.

a. Dave passes to James, James to Alfonso and Alfonso shoots!
b. The ball hits the net, and the Devils lose the point.

운동 경기 중계이외에 언제나 현재 시제를 쓰는 경우는 다양하다.

1. 먼저 현재 시제를 사용하는 가장 기본적인 상황으로, 어떤 일이 과거, 현재, 미래에도 존재하거나(같은 현상이 유지되거나), 반복되는 경우이다.
   c. The sun rises in the east and sets in the west.
   d. He plays tennis every Saturday afternoon.

2. 스토리텔링을 할 때, 요리 과정을 설명할 때, 그리고 매뉴얼의 지시 사항을 나열할 때.
   e. She opens the window, and looks out into the yard. She sees a bird.
   f. First you wash the onions and chop them into small pieces.
   g. You make sure you have a flat tire and turn on hazard lights.

3. 공공 기관의 개방 시간, 대중교통의 출발/도착 시간, 영화 상영/종료 시간 등과 관련된 미래의 일을 표현할 때, 미래 시제가 아닌 현재 시제를 사용.
   h. The new exhibition at the museum starts next Friday.
   i. My flight to Paris leaves at 7 PM.
   j. The movie ends at 4:25.

⚠ 이러한 원칙에도 불구하고, 글쓴이가 의도적으로 특정한 일이 과거나 미래에 발생함을 표현할 때는 과거/미래 시제를 사용한다.

- The sun rose in the east as the ship neared the port.
- My flight to London will leave at 7 PM because of some delay.

14 현재 진행형을 유도하는 우리말 표현

A: 그분 직업이 무엇이지요?
B: 그는 웹툰을 쓰고 있습니다.

이 대화를 영작하면 다음과 같이 표현하는 경우가 많다.

A: What does he do?
B: ~~He is writing webtoons.~~

여기에서 문법적으로 문제시 되는 것은 현재 진행형의 사용이다. 이전 단원에서 설명하였듯이 어떤 일을 과거-현재-미래에 반복적으로, 특히 직업적으로, 행할 때는 현재 시제를 사용한다: He writes webtoons. 그런데 위와 같이 진행형을 사용하는 이유는 우리말 '~하고 있다'의 간섭 때문이다.

한편, 학습자들에게 '그는 웹툰을 쓴다.'라는 문장을 영작하게 하는 경우에는 대체적으로 'He writes webtoons.'로 표현한다. 즉, '~ 한다'의 경우 간섭현상이 발생하지 않는다. 이처럼 같은 내용이라도 우리말로 어떻게 제시하느냐에 따라서 영어로 옮길 때 간섭현상이 생길 수도 있고 그렇지 않은 경우도 있다.

⚠ 우리말에서는 진행형 표현이 가능하지만, 영어에서는 불가능한 동사에 유의

- 나는 그녀를 사랑하는 중이야. ➜ ~~I am loving her.~~ ⇨ I love her.
- 그는 그 문제의 해결책을 필요로 하는 중이다. ➜ ~~He is wanting a solution for the problem.~~ ⇨ He wants a solution for the problem.
- 옛날 관습이 아직도 시골에는 남아있는 중이다. ➜ ~~Old customs are still existing in rural areas.~~ ⇨ Old customs still exist in rural areas.

위 세 문장에 사용된 동사들처럼, 영어에서 관행적으로 진행형으로 사용하지 않는 동사들의 일부 목록은 아래와 같다. 이들의 공통점은 <u>동작이 아니라 상태</u>를 나타낸다는 것이다.

own, belong, possess, like, love, dislike, hate, prefer, wish, fear, envy, want, know, mean, cost, need, care, contain, owe, be, exist, seem, look(resemble 의미 일 때), weigh, hold(contain의 의미 일 때)

15 과거완료 ← 과거 ← 현재 → 미래완료 → 미래 시제

1. 과거완료 보다 앞선 시제는?

• He had written three books and he worked on another one. Now it
(C) (B)
is about to be published.
(A)

위 문장처럼 현재(A)를 기준으로 하여 이전에 일어난 일(B)은 과거 시제를, 그 사건보다 앞서 일어난 일(C)은 과거완료 시제를 사용한다. 영어 학습자들이 과거완료 시제 대신에 가끔 대과거 시제라는 표현을 사용하는데, 오늘날의 문법책에서는 쓰지 않는 표현이다. 또한 과거 어느 시점보다 앞서 일어난 일이 여러 개 있는 경우, 이들을 표현하기 위해 과거완료 시제이외에 다른 시제 표현이 있는지 궁금해 하곤 하는데 특정 과거 시점보다 앞선 모든 일은 과거완료 시제를 사용한다.

• That was in 1992. He left for New York, where his mother
과거 시제(기준 시점)
had bought a house. His father had died in 1990.
과거완료 시제(기준 시점보다 앞서 일어난 일들)

2. 미래완료와 미래 시제

미래완료 시제를 사용해야 할 때, 미래 시제를 쓰는 경우를 종종 볼 수 있다. "2년 후에 그녀는 대학을 졸업할 것이다."라는 문장을 영작하게 되면 "In two years, she will leave(또는 graduate from) college."라고 하는 경우가 많다. 하지만, 영어로는 다음과 같이 표현해야 한다.

• In two years, she will have left college.
(A) (B)

즉, 말하는 시점인 현재와 미래 어느 시점(A) 사이에 어떤 일(B)이 이루어질 것으로 예상될 때 미래완료 시제를 사용한다. 학습자들에게 "2년 후에 그녀는 대학을 졸업했을 것(또는 졸업을 해있었을 것)이다."라는 어색한 문장이 주어진다면 아마도 미래완료 시제를 선택할 가능성이 높다.

16 언제나 과거 시제 사용

과거 시제를 사용하는 경우는 크게 네 가지 경우이다. 첫째, 가장 쉽게 접하는 경우로, 과거 어느 한 시점에 발생한 사건이나 행동을 나타낼 때이다. 그 사건이나 행동이 현재로부터 오래전에 일어난 경우라도 적용된다. 이러한 경우에는 과거의 특정 시점을 나타내는 시간 부사 표현을 포함하는 경우가 많다.

a. I met David in 2002.

b. He visited Russia last year.

c. John slept through the entire class.

d. The earthquake happened at 4:31 am.

둘째, 과거에 반복적으로 일어난 일을 나타낼 때 과거 시제를 사용한다. 중요한 점은 반복적으로 발생하는 일이 과거에만 국한된다는 점이다. 만약에 과거, 현재, 그리고 미래에도 반복되는 일이라면 현재 시제를 사용해야 한다.

e. She always enjoyed visiting museums on holidays.

f. When I was a boy, I rode a bicycle to school every day.

셋째, 과거에 발생한 일련의 사건들을 나타낼 때 과거 시제를 사용한다. 사건들 사이에 어느 정도 시간 차이가 있을지라도 연관된 사건들인 경우에는 모두 과거 시제를 사용한다. 중요한 점은, 각 사건이 모두 과거에 종료된 경우이다.

g. I finished work, walked to the beach, and found a good place to rest.

h. She arrived at the hotel, checked in, and attended the conference.

넷째, 과거 어느 시점에 시작하여 그 이후 다른 과거 시점까지 일정기간 지속한 일을 표현할 때 과거 시제를 사용한다.

i. They lived in Barcelona for ten years.

j. He and I talked on the phone for 30 minutes.

17 'Used to'의 의문형과 부정형

대다수 영어학습자들이 'used to+동사 원형'의 의미(과거에 규칙적으로 하던 일 또는 과거에만 한정된 사실)와 쓰임새(과거 시제로만 사용하고 다른 시제로는 사용하지 않음)에는 익숙해 있다. 하지만 다음과 같은 긍정문이나 평서문에만 국한된 경우가 대부분이다.

a. He used to call me on my cell phone.
b. She used to think she could have everything she needed.
c. The railroad station used to be a vineyard.
d. There used to be a show called 'Father knows everything.'

부정문과 의문문에서 used는 일반 동사의 과거형으로 취급한다. 따라서 do동사의 도움을 받아 부정문과 의문문을 만든다.

1. 부정문

e. I didn't use to like beans when I was young.
f. ~~I used not to like beans when I was young.~~
g. ~~I didn't used to like beans when I was young.~~

2. 의문문

h. Did he use to take a walk after dinner?
i. ~~Did he used to take a walk after dinner?~~
j. ~~Used he to take a walk after dinner?~~

18 형태는 현재, 내용은 미래

a. I will call you (when I get home).
b. We will watch a movie (after he arrives).
c. We won't start eating (until everyone receives food).
d. (If it rains in the evening), we will not go for a walk.
e. (If you turn to page 10), you will see a list of questions.
f. I will pay the bonus (provided the job is completed on time).

위 문장들의 공통점은 괄호안의 동사들이 현재 시제임에도 불구하고 의미는 미래를 나타낸다는 사실이다. a~c 문장은 시간을 나타내는 부사절을 포함하고 있고, d~f 문장은 조건을 나타내는 부사절을 포함하고 있다. 이처럼 시간과 조건을 나타내는 접속사가 이끄는 부사절에서는 미래 의미를 나타낼 때 현재 시제를 사용하고, 주절에서는 미래 시제를 그대로 사용한다. 아래 표는 시간과 조건을 이끄는 부사절에 사용되는 접속사의 일부 목록이다.

시간 부사절 접속사	when, after, before, while, once, as soon as, until, as, whenever, till
조건 부사절 접속사	if, unless, even if, as long as, providing (that), provided (that), on condition that, suppose, supposing

⚠ 하지만, 시간, 조건 부사절에 쓰인 현재 시제가 항상 미래를 의미하지는 않는다.

- We make popcorn before he comes home.
- We have a good time whenever we get together.

위 두 문장에서처럼 시간 부사절이나 주절 모두 현재 시제를 사용하는 경우, 미래의 일을 언급하는 것이 아니라, 주기적으로 반복하는 일을 언급한다. 앞장에서 반복적으로 행하는 일에는 현재 시제를 사용한다는 원칙을 다루었는데 그 원칙을 따른 것이다. 한편, 아래의 조건 부사절을 포함하는 문장에서도 모두 현재 시제를 사용하고 있는데, 부사절에 주어진 상황과 주절의 상황이 둘 다 확실히 발생할 가능성이 있을 때(가령, 자연의 법칙) 현재 시제를 사용한다.

- If a volcano erupts, it usually causes a landslide.
- If Ted has a three-day weekend, he mows his lawn.

19 분사구문, Part 1

모든 영어학습자들이 오랜 기간 수 없이 들어본 문법 용어 중의 하나가 '분사구문'일 것이다. 분사구문은 관계절처럼 두 문장을 하나의 문장으로 합칠 때 효율적으로 사용되는 구문으로 아래의 예들처럼 학습자들이 일상의 글에서 자주 접하는 구문이다.

a. I know the man sitting next to the door.
b. Feeling so tired, I closed the book and went to bed.
c. Used appropriately, the device will save a lot of water.

우선 분사(participle)란 무엇인지 알아보면, 분사에는 현재 분사와 과거 분사가 있다. 현재 분사는 동사 원형에 -ing가 붙는 경우이다(예 teaching, speaking, dealing, growing 등). 과거 분사는 동사 원형에 -ed가 붙는 경우로 불규칙 동사의 경우 형태가 다를 수 있다(예 tired, closed, broken, kept 등). 과거 분사(past participle)를 일컬어 흔히들 어떤 동사의 'pp형'이라고 부른다.

이 두 분사 표현이 조동사와 함께 쓰여 진행형, 완료형, 그리고 수동형을 나타낼 수 있고(d~f), 또는 형용사로 쓰여 명사를 수식할 수 있는데(g~i) 이러한 쓰임새는 위의 a~c 문장들과는 달리 영어학습자들이 그 의미를 이해하는데 어려움을 겪지 않는다.

d. The phone was ringing when I got home.
　　조동사 be + 현재 분사 ➜ 진행형
e. I have written two letters in 10 minutes.
　　조동사 have + 과거 분사 ➜ 완료형
f. The store will be closed soon.
　　조동사 be + 과거 분사 ➜ 수동형
g. He has some worrying problems at the moment.

h. Many unsatisfied guests left early.

i. Those people involved in the incident were young.

20 분사구문, Part 2

많은 학습자들이 어려워하는 분사구문은 두 문장이 하나로 합쳐지는 경우와 부사절을 분사를 활용하여 바꾸는 경우인데 이를 자세히 살펴보자. 먼저 두 개의 독립 문장을 하나로 합치는 경우로,

1. 두 문장의 주어가 동일하며, 두 상황이 동시에 발생한 경우

➜ 두 문장 중 하나를 주 문장으로 선택
➜ 나머지 문장에서 주어를 생략
➜ 조동사가 있으면 생략 후 본동사를 ing로 변환

예) He is in the library. + He is sitting next to the door.
⇨ Being in the library, he is sitting next to the door.
또는
He is in the library. + He is sitting next to the door.
⇨ He is in the library sitting next to the door.

2. 두 문장의 주어가 동일하며, 한 상황이 다른 상황보다 더 오랜 기간 지속할 때

➜ 두 문장 중 상황이 짧은 문장을 주 문장으로 하고 앞에 위치
➜ 나머지 문장에서 주어를 생략
➜ 조동사가 있으면 생략 후 본동사를 ing로 변환

예) He slipped in the bathroom. + He was taking a shower.
순간적으로 발생　　　　좀 더 긴 시간동안 발생
⇨ He slipped in the bathroom taking a shower.

3. 드문 경우이긴 하지만, 두 문장의 주어가 다른 경우에도 분사구문이 가능한 데, 주로 한 문장의 주어가 'it'이나 'there'인 경우가 많다.

➜ 'it' 또는 'there'를 사용한 문장을 분사구문으로
➜ 'it' 또는 'there'는 유지
➜ 조동사가 있으면 생략 후 본동사를 ing로 변환

예) It was a cloudy night. + We couldn't see the moon.
⇨ It being a cloudy night, we couldn't see the moon.

21 분사구문, Part 3

분사구문이 많이 사용되는 또 다른 상황은 '이유나 조건을 나타내는 부사절+주절'을 '분사구문+주절'로 바꿔 표현하는 경우로 다음의 예와 같다.

a. Because I felt tired, I went to bed early.
⇨ Feeling tired, I went to bed early.
b. Because he didn't study hard enough, he couldn't pass the exam.
⇨ Not studying hard enough, he couldn't pass the exam.

위의 예처럼 분사구문을 포함하는 문장을 만드는 과정은 다음과 같다.

1) 부사절에서 접속사를 생략
2) 두 절의 주어가 같은 경우, 부사절의 주어를 생략. 조동사가 있을 경우 조동사도 생략
3) 본동사를 -ing로 변환. 단, 본동사가 과거 분사인 경우 -ed형태 유지
4) 부정어가 있는 경우 부정어를 ing/-ed 앞에 위치

이 과정을 b 문장을 가지고 설명하면 다음과 같다.

Because he didn't study hard enough, he couldn't pass the exam.
⇓
He did not study hard enough, he couldn't pass the exam.
⇓
Not studying hard enough, he couldn't pass the exam.

과거 분사를 포함하는 분사구문을 예시로 들면 다음과 같다.

If it is used economically, the battery will last for two years.
⇓
It is used economically, the battery will last for two years.
⇓
Used economically, the battery will last for two years.

22 능동태 vs. 수동태: '~ 였다' '~ 리(이)다'의 오류

a. 그 책은 백 만권이 넘게 팔렸다.
b. Tom이 흔적도 없이 사라졌다.
c. 내가 말하는 것이 이상하게 들릴 수 있다.
d. 모든 일이 잘못된 것으로 보인다.

이들 문장을 영작할 때 학습자들은 거의 본능적으로 수동태를 사용한다. 왜냐면 '~였다' 그리고 '~리(이)다'의 우리말 의미가 능동적으로 행하는 것이 아니라 (타인에 의한) 수동적인 행위를 뜻하기 때문이다. 그 결과, 다음 각 예시의 첫 문장처럼 작문하는 경우가 많은데 영어에서는 수동이 아닌 능동의 의미를 지닌 동사를 사용하여 표현해야 한다.

a. ~~The book was sold over one million copies.~~
⇨ The book sold over one million copies.
b. ~~Tom was disappeared with no trace.~~
⇨ Tom disappeared with no trace.
c. ~~What I am saying may be heard weird.~~
⇨ What I am saying may sound weird.
d. ~~Everything is seen to be wrong.~~
⇨ Everything seems to be wrong.

그런데 '~였다'와 '~리(이)다' 표현이 들어간 문장을 수동태로 표현하는 경우도 있다. 즉 <u>행위를 하는 주체를 문장에서 언급하는 경우에는</u> 수동태를 사용할 수도 있으며 이를 능동태로 바꾸어 표현할 수도 있다.

e. 그 소설은 *어느 익명의 작가에 의해* 쓰였다.
⇨ The novel was written by an anonymous writer.
⇨ An anonymous writer wrote the novel.
f. 그 합창곡은 아직도 *많은 사람에 의해* 불린다.
⇨ The chorus is still sung by many people.
⇨ Many people still sing the chorus.

23 'Be 동사 + 일반 동사의 과거 분사'는 언제나 수동태?, Part 1

a. The library is located on the other side of the campus.
b. He was amazed.
c. In the struggle between the thief and the landlord, the vase was smashed into a hundred pieces.

위 세 문장은 공통적으로 수동태 구문의 기본 요소인 'be 동사+일반 동사의 과거 분사'를 포함하고 있다. 그러면 이들 모두는 수동태인가? 답은 한 문장만 수동태이고 나머지는 능동태이다. 세 문장 중에서 수동태 문장은 3번이다. 1, 2번 문장의 과거 분사(located와 amazed)는 동사의 성질을 지녀서 수동태를 이루는 것이 아니라, 형용사의 성질을 띠며 주어의 어떤 상태를 나타낸다. 이들은 분사 형용사(participial adjective)라 불린다. 그러면 이 표현들이 형용사의 성질을 지니고 있는지 구별할 수 있는 기준은 무엇인가? 크게 다음 두 기준을 적용하여 판단해 볼 수 있다.

기준 1. 능동태의 문장으로 바꿀 경우 전혀 다른 의미를 지닌다.

a 문장의 경우 이 기준을 적용하여 수동태가 아님이 판단할 수 있다.

- The library is located on the other side of the campus.
  ⇨ Someone locates the library on the other side of the campus.

원래 문장의 경우 캠퍼스의 건너편에 도서관이 위치해 있다는 상태를 의미한다. 하지만 located를 동사의 성질을 지닌 것으로 여겨 능동태로 바꾸게 되면 '누군가 도서관을 ~에 설치하였다'라는 일반 상식으로는 이해할 수 없는 의미를 지니게 된다. 즉, 첫 번째 문장에서 located는 형용사의 성질을 지니고 있으며 그 자체가 능동태의 문장이다.

기준 2. 분사 형용사 앞에는 정도를 나타내는 부사(예 very, too, a little, somewhat, quite 등)를 사용할 수 있다.

- He was quite amazed.
- Janet was too frightened.
- ~~The shop was somewhat closed by the shopkeeper.~~
  ➜ 수동태 문장

24 'Be 동사 + 일반 동사의 과거 분사'는 언제나 수동태?, Part 2

이전 페이지의 c 문장은 비록 수동태 문장에서 흔히 보는 'by+행위자'는 포함하고 있지 않다. 하지만 smashed가 동사의 성질을 지닌 것으로 보는 근거는 문맥상 누군가에 의해 깨졌기 때문이다. 즉 몸싸움 중에 누군가에 의해 화병이 의도적으로 던져졌을 수 (smashed by one of the two) 있다. 따라서 능동태로 바꿀 수 있으며 의미의 변화도 없다: In the struggle between the thief and the landlord, one of the two smashed the vase into a hundred pieces.

⚠ 다음 부류의 동사들은 수동태에서 사용할 수 없다.

1. 상태동사(stative verbs): 주어가 목적어에 영향을 끼치지 않는 동사로 contain, cost, equal, resemble 등을 들 수 있다.

a. The poem contains many famous lines.

⇨ ~~Many famous lines are contained by the poem.~~

b. The camera cost $200.

⇨ ~~$200 was cost by the camera.~~

c. Tommy resembles his father.

⇨ ~~His father is resembled by Tommy.~~

2. 다어 동사(multiword verbs): 둘 또는 셋 이상의 단어로 이루어진 동사로 다음의 표현들이 해당 한다: come across, fall for처럼 둘을 분리할 수 없고 항상 같이 쓰는 동사, get ... down, see ... through처럼 영원히 분리되어 있는 동사, get along with, put up with처럼 분리할 수 없는 세 단어로 이루어진 동사 등.

d. I came across my old college roommate in town today.

⇨ ~~My old college roommate was come across by me in town today.~~

e. The news got him down.

⇨ ~~He was gotten down by the news.~~

f. Everyone got along with her.

⇨ ~~She was gotten along with by everyone.~~

g. I can't put up with the inconvenience.

⇨ ~~The inconvenience can't be put up with by me.~~

25 수동태 문장의 도치

a. Attached is my resume and cover letter.

b. Enclosed is a pamphlet that describes the summer program.

c. Listed below are frequently asked questions about the painting.

d. Included are sample social media posts.

위 문장들은 편지나 이메일에서 자주 접하는 표현들로 공통점은 '본동사의 과거 분사+be 동사+명사구'의 형식을 지니고 있다. 이러한 표현 형식은 숙어처럼 거의 굳어진 형식이다. 언뜻 보기에는 비문법적인 문장 같지만 이 문장들을 '주어+동사'의 형식으로 바꾸어 살펴보면 문법적 오류가 없음을 알 수 있다. a 문장을 예로 들면 다음과 같이 바꿀 수 있다,

a.1 My resume and cover letter is attached.

이와 같은 '주어+be 동사+본동사의 과거 분사'의 수동태 문장(attach를 하는 행위자는 'I'가 명백하므로 생략됨)에서, 본동사의 과거 분사를 문장의 앞으로 이동시키면 나머지를 도치시키는 규칙에 따라 a 문장이 만들어진 것이다.

②

My resume and cover letter is attached.

①

b.1 A pamphlet that describes the summer program is enclosed.

c.1 Frequently asked questions about the painting are listed below.

d.1 Sample social media posts are included.

참고로 이러한 문장들을 능동태로 표현할 때는 일상적으로 현재 시제를 사용하지 않고 현재완료 시제를 활용하여 다음과 같이 표현한다.

a.2 I have attached my resume and cover letter.

b.2 I have enclosed a pamphlet that describes the summer program.

26 Be, Become, Get, Appear, Seem 동사들의 공통점

appear, be, become, come, feel, get(~이 되다), go(~이 되다), grow, keep, look, remain, seem, smell, sound, stay, taste, turn

a. He **appears** very excited.

b. Anybody can become an excellent teacher.

c. She got upset about the cancellation of the game.

d. Everyone remained silent for a few minutes.

e. The traffic light turned red.

위 동사들의 공통점은 주어를 정의(define)내리거나 설명(describe)하는 정보와의 가교 역할을 한다는 점이다. 그 명칭도 역할에 걸맞게 연결동사(linking verb 또는 copula verb)라 불린다. 연결동사 다음에 주어지는 정보는 보어라고 부르는데(complement) 주로 형용사나 명사의 형태를 취한다.

⚠ appear, seem, look 다음에 형용사나 명사가 아닌 V-ing형태가 올 때는 'to be'를 사이에 사용한다.

- The government appears to be applying the same principle.
- The tree seems to be growing fast.
- The boys look to be having lots of fun.

⚠ '~의 상태가 되다'의 뜻으로 become과 get을 공통으로 사용할 수 있는데, '~ 직업을 가지게 되다'의 경우에는 get 보다는 become을 주로 사용한다.

- The smell became stronger and stronger.
- I am getting married next month.
- He became(~~got~~) a senator in 2013. ⇨ 상원의원 직업을 가짐
- She became(~~got~~) a coach of the national team. ⇨ 코치 직업을 가짐

27 Can vs. Could, Part 1

can과 could의 가장 보편적인 쓰임새는 둘 다 이어지는 동사에 '능력(ability)의 의미'를 더해주는 조동사 역할이다. 각각의 대표적인 쓰임새를 살펴보자.

1. Can

1.1 ~할 수 있다

- Don't worry. I can take care of myself.
- Can you remember your high school days?
- She can speak five languages fluently.

⚠ can의 이 뜻과 같은 의미를 지닌 표현으로 'be able to'가 있다. 일부 문법책에서는 두 표현이 세부적으로는 의미 차이가 있으며 그 차이를 구별하여 사용해야 한다고 주장하고 있다. 하지만 모국어 화자들이 그러한 차이를 구별하여 사용하는 경우는 극히 드문 관계로 고려하지 않아도 된다.

1.2 (언제나 또는 가끔) ~이 사실이다, ~이 있을 수 있다

- Diamonds can be pink, red, or brown.
- Temperature can reach 45 degrees in the summer.

1.3 ~를 해도 된다(평서문), ~ 허락을 요청하다(의문문)

- He can change whatever he wishes in the script.
- You can borrow my car if you want.
- Can I have a look at that?

2. Can't

2.1 ~할 수 없다

- I can't find my grey jacket anywhere.
- We can't allow his stupid behavior to continue.

2.2 ~일 리가 없다

- Things can't be that serious.
- He can't have forgotten about the departure time.

28 Can vs. Could, Part 2

2.3 ~해서는 안 된다

- He can't lend money if there is no hope of being paid back.
- You can't bring total strangers in here.

3. Could

3.1 ~할 수 있었다 ⇨ 과거의 능력, 가능성

- I could finish the project in time. ➜ 능력
- She could read and write when she was just three. ➜ 능력
- Only men could go to the bar in those days. ➜ 가능성

3.2 ~일 수 있다, ~일 수 있을 것이다 ⇨ 현재나 미래의 가능성

- That story could be true. ➜ 현재
- At the moment, it looks like anything could happen. ➜ 미래
- The noise irritates me so much that I could scream. ➜ 미래

3.3 ~를 제안하다, ~를 요청하다

- You could come and stay with us. ➜ 제안
- Could you wait outside just for a minute? ➜ 요청
- He asked me if he could have a cup of coffee. ➜ 요청

4. Couldn't

4.1 ~할 수가 없었다 ⇨ 과거의 능력

- He couldn't resist the temptation of telling a lie.
- It was so dark that we couldn't see anything.

4.2 ~일 리가 없다

- That toy couldn't be safe for babies.
- He couldn't be happy about the test result.

4.3 (비교급 문장에서) 더 이상 ~일 수 없다

- I couldn't be happier with the way our new kitchen looks.
- She couldn't be more pleased with their friendliness.

29 Must

Must 단어를 접하면 바로 떠오르는 의미가 '~해야만 한다'이다. 즉 이어지는 동사의 행위를 필수적으로 해야 한다는 의미를 더해주는 조동사이다. 가장 대표적인 '필수' 뜻과 일상에서 자주 쓰이는 몇 가지 의미가 있는데 하나씩 살펴보자.

1. 필수

a. You must find some solutions to the problem.

b. A nation must take certain risks to achieve economic prosperity.

c. We must not lose our sense of humor.

➜ must not 또는 mustn't는 '~하지 않는 것이 필수적이다'를 의미

d. He must not accept the unlawful offer.

⚠ must는 과거형이 없으므로, 과거 상황에 대한 필요성을 언급할 때는 'had to'를 사용해야 한다.

- She couldn't stay because she had to go to work.
- We had to sit in silence when the man entered the room.

2. 강한 추측(certainty): ~임에 틀림이 없다

e. You must be joking. ⇒ (확신에 찬 상태로) 너 지금 농담하고 있는 거지.

f. They must be tired after all day's work.

⚠ 과거의 상황에 대해 강한 추측을 할 때는 'must have+동사의 과거 분사'

- He must have had a heart attack. He had a weak heart.
- I can't find my wallet. I must have left it at home.

⚠ 부정적인 상황에 대한 강한 추측, 즉 '~일리가 없다'를 의미할 때는 must not을 사용하지 않고 'can't/cannot'을 사용한다.

- The story sounds strange. It can't be true.
- She can't be at home. She usually takes a yoga lesson around 7.

3. 강한 어조로 타인에게 제안 또는 초대

g. You must see a doctor. ⇒ 의사를 꼭 좀 만나봐.

h. You must come to the party and meet my neighbors.

4. 의도(intention)를 표현: 주어는 일인칭 'I'

i. I must have a cup of coffee. ⇒ 커피 한 잔 마셔야겠어.

j. I must speak to John about the matter.

30 Should

대다수 아니 거의 모든 영어학습자들이 must와 should는 같은 의미(특히, ~할 필요가 있다)를 지니고 있는 것으로 여긴다. 하지만 두 단어는 다른 의미를 지니고 있으며 이를 잘 구별하여 쓰는 것이 바람직하다. should의 가장 주요한 의미인 바람직(right)함과 그 밖의 쓰임새를 살펴보자.

1. 바람직함: '~를 하는 것이 바람직하다' 또는 '~한 상태가 바람직하다'

a. It is a difficult job and they should be paid more.

b. There should be someone whom you can turn to for any advice.

⇒ 충고를 해줄 수 있는 누군가 의지할 사람이 있는 것이 바람직하다.

c. Should our children learn a foreign language at elementary school?

2. 지시(order) 또는 경고(warning)

d. All visitors should bring sleeping bags.

⇒ 모든 방문객들은 침낭을 가지고 오세요.

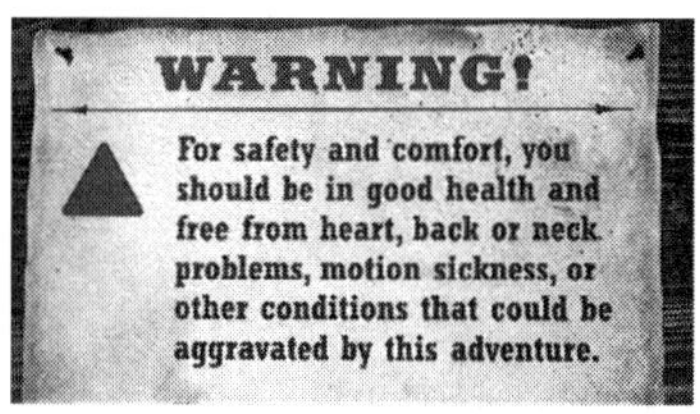

e. No baby should be given solid food before four months old.

f. The court ruled that the novel was too obscene and all the copies should be destroyed.

⇒ 법원은 그 소설이 너무 저속해서 모두 폐기처분되어야 한다고 판결했다.

3. 추측: must처럼 강한 추측이 아닌 '아마도 ~일 거야' 의미의 약한 추측

g. They should have no problem with the task.

h. The doctor said that the fever should go down in three days.

i. I think the city should be explored on foot.

4. 충고(advice)를 주거나 요청

j. What should I do now? ➜ 충고를 요청

k. I shouldn't worry about it if I were you. ➜ 충고를 함

31 Should have + 과거 분사 vs. Shouldn't have + 과거 분사

이 두 표현은 현재의 시점에서 과거의 일을 돌이켜 생각하며 '그 일을 했어야 했는데' 또는 '그 일을 하지 말았어야 했는데'처럼 후회하는 의미를 나타낼 때 사용하는 표현들이다.

1. should have + 과거 분사: ~했어야 했는데 하지 않음

a. I should have told the truth.

➜ 진실을 말했어야 했는데, 그렇게 하지 못함. = I didn't tell the truth.

b. He should have locked the door. = He didn't lock the door.

c. You should have returned the book to the library in time.

= You didn't return the book to the library in time.

2. should not have + 과거 분사: ~하지 않았어야 했는데 행함

d. We should not have ordered so much food.

➜ 너무 많은 음식을 시키지 말았어야 했는데, 주문함.

= We ordered so much food.

e. The boss shouldn't have broken her promise to promote him.

= The boss broke his promise to promote him.

f. You shouldn't have turned right. = You turned right.

g. ~~You should have not turned right.~~ ➜ 부정어의 위치에 주의

3. should 대신에 ought to를 사용할 수 있다. 부정문인 'ought not to have+ 과거 분사'는 문법적으로는 올바른 표현이지만 일상적으로 잘 사용하지 않는다.

h. They ought to have repaired the roof. = They didn't repair the roof.

i. I ought to have studied business not physics.

= I didn't study business. I studied physics instead.

j. I ought not to have walked my dog. He is too tired now.

= I walked my dog. He is too tired now.

Important

'should+have+과거 분사'와 'must+have+과거 분사' 구문은 큰 의미 차이가 있다. 후자는 '~했음에 틀림이 없다'는 강한 추측의 뜻을 지니고 있다.

- I must have left my key at home.
  = I am really sure that I left my key at home.

32 Have to vs. Had better, Part 1

'have to'와 'had better'는 이어지는 동사의 의미에 추가적인 의미를 부여하는 조동사(helping verb)에 속한다. have to는 주어가 '~을 하는 것이 필요하다' 의미이며, had better는 주어가 '~을 하는 것이 바람직하다(desirable to do)' 의미를 지닌다. 또 다른 공통점은, 둘 다 조동사인 관계로 다음에 동사 원형을 사용한다.

a. You have to deal with the tough situation.
⇒ 그 어려운 상황에 대처하는 게 필요해.
b. You had better leave now before the traffic gets bad.
⇒ 교통이 복잡해지기 전에 떠나는 것이 바람직해.

Important

여러 문법책에서 have to와 must는 같은 의미를 지니므로 번갈아 쓸 수 있다고 다루고 있는데 이는 잘못된 설명이다. must는 '~해야만 한다'는 '필수적임'의 뜻을 지니고 있지만 have to는 '필요하지만 반드시 해야 하는 것은 아닌 상황'에서 사용한다.

have to와 had better의 차이점은, have to의 경우 시제를 나타낼 수 있으며 주어의 수와 성에 따른 변화를 나타낼 수 있다. 하지만 had better는 한가지의 형태만을 지니고 있으며 현재와 미래 상황을 나타낼 수 있다.

c. We had to leave early because of rain. ➜ 과거 시제
d. She has to tell the truth to her family. ➜ 3인칭 단수 주어
e. The children had better wear their coats. ➜ 현재 상황
f. He had better do what he is told. ➜ 미래 상황

또 다른 주요한 차이점은 부정문과 빈도부사가 수식할 때이다. 먼저 부정문을 살펴보면, have to의 경우 조동사 do의 도움을 받는 반면에 had better는 뒤에 부정어를 위치시키면 된다.

g. He doesn't have to work tomorrow.
h. We didn't have to pay a parking fee.
i. You had better not go out tonight.
j. We had better not bring up the issue.

33 Have to vs. Had better, Part 2

빈도부사와 함께 have to, had better를 사용할 때 차이점은, 빈도부사가 have to 경우에는 앞에 오지만, had better의 경우 뒤에 위치한다.

k. You always have to be prepared to answer questions.
l. He still has to make his contribution.
m. ~~He has still to make his contribution.~~
n. ~~He has to still make his contribution.~~
o. You had better always speak from the heart.
p. We had better never start a fight.
q. ~~We never had better start a fight~~.

또 다른 차이점은 의문문 형식에 있다. Have to의 경우 조동사인 do의 도움이 필요한 반면에 had better는 had만 도치시키면 된다.

r. Do I have to finish the project by this Friday?
s. ~~Have I to finish the project by this Friday?~~
t. Does he have to keep it secret?
u. Had I better leave a note for her?
v. ~~Did I have better leave a note for her~~?
w. Had he better clean up the room now?

마지막으로, have to는 축약을 하지 않지만 had better는 'd better로 많이 쓰인다.

x. He has to finish his assignment by tomorrow.
⇨ ~~He's to finish his assignment by tomorrow.~~

이처럼 축약을 하지 않는 이유는 'He is to finish ~'의 축약형인 'He's to finish ~'와 구별이 되지 않기 때문이다.

y. She'd better make a reservation for the concert.
z. You'd better get moving if you want to catch the bus.

34 May vs. Might

may와 might의 가장 보편적인 쓰임새는 둘 다 뒤에 이어지는 동사에 '가능성(possibility)의 의미'를 더해주는 조동사 역할이다. may와 might가 서로 다른 의미를 가지는 경우는 극히 제한적이고(가령, may가 좀 더 격식 있는 표현) 모국어화자들도 대부분 이를 인식하고 있지 않으므로 두 단어는 같은 의미와 쓰임새를 지닌 단어들로 취급하면 된다. 주요 쓰임새를 살펴보면,

1. 가능성: 현재와 미래의 상황이 '~일/할 가능성이 있다'

a. He may be a spy.

b. We may have some snow tonight.

c. That story may not be true. ⇒ 그 이야기가 사실일 리가 없어.

d. She might be right and they might be wrong.

e. It might rain tomorrow.

⚠ might가 비록 may의 과거형이긴 하지만, may와 마찬가지로 현재 시점에서 현재(d)나 미래(e)의 상황에 사용할 수 있음에 유의해야 한다. 단 과거 시점에서 그 이후에 일어날 어떤 일에 대한 가능성을 언급할 때는 might를 사용 한다.

- He thought he might be late, but he arrived in time.
- She said she might leave and stay with her friends.

2. 현재 시점에서, 과거의 상황에 대한 어떤 가능성을 언급: '아마도 ~했을 것이다'
➜ 이때는 'may have+과거 분사' 또는 'might have+과거 분사'를 사용

f. You may have accidently pressed the wrong button.

g. The explosion might have caused a gas leak.

h. She might have called you. Please check your phone.

i. His parents may have been aware of his son's problem.

3. 허가(permission), 제안: '~를 허가하다', '~를 제안하다'

j. May I ask you a question? ➜ 허가를 요청

k. You may leave now. ➜ 허락함

l. I wonder if I might use your desk for a moment. ➜ 허가를 요청

m. I think it may be better to switch off your phone. ➜ 제안

35 Will

Will의 가장 근본적인 쓰임은 다음에 오는 동사의 상황이 미래에 일어난다는 것이다. 하지만 단순히 '~할 것이다'라는 의미만으로 will이 쓰인 모든 문장을 해석해서는 안 된다. 문맥에 따라서 좀 더 구체적인 의미를 지니는데, 가령 말하는 사람이 의도적으로(intentional) 특정 상황을 미래에 발생하게 할 때, 제 3자의 입장에서 예측(prediction)할 때, 어떤 상황이 공식적으로(official) 발생함을 알릴 때 등 다양한 경우에 사용한다. Will의 쓰임새를 살펴보면,

1. 말하는 사람이 의도적으로 특정 상황을 미래에 발생하게 하는 경우
   a. I will visit him in the hospital tonight.
   b. We will demand equal rights at work.
   ⇒ 우리는 직장 내에서 동등한 권리를 요구할 거야.

2. 제 3자의 입장에서 예측하는 경우
   c. She will be here soon.
   d. The weather tomorrow will be hot and dry.

3. 어떤 상황이 공식적으로 발생할 것임을 알리는 경우
   e. All your luggage will be searched at the entrance.
   f. The suspect will be released on bail.
   ⇒ 용의자는 보석금을 내고 석방될 것이다.

4. 어떤 상황이 일어날 것을 약속/지시하는 경우
   g. I won't repeat the same mistake again. ➜ 약속
   h. You will report to me after the conference. ➜ 지시

위 뜻과 더불어 will이 의문문에 많이 쓰이는데 주로 다음 두 가지 의미를 지닌다.

5. 요청할 때
   i. Will you please come to school in time?
   j. Will you help me with this package?

6. 초대할 때
   k. Will you join us for a cup of coffee?
   l. Won't you stay for dinner?

36 Would

Will의 과거형인 조동사 would의 가장 보편적인 쓰임새는 과거 어떤 시점에 일어날 것 같은 상황을 이야기 할 때 사용한다. 하지만 현재 또는 미래 시점에서 발생 가능한 상황을 언급할 때도 자주 사용되는 점에 주목해야 한다.

1. 과거 어느 한 시점에서, 그 이후에 일어날 일에 대해서 언급할 때

a. She said she would meet them at 4 o'clock. ➜ 의도를 표현

b. According to the news, the employment rate would continue to rise.
➜ 가능성에 대한 예측

c. He realized it would be difficult to find another player.
➜ 가능성에 대한 예측

2. 현재나 미래에 발생 가능한 상황에 대해서 언급할 때

d. It would be fun to watch the big match.

e. There is no use talking to him. He wouldn't understand.
⇒ 그 사람에게 이야기해봐야 소용없어. 이해하지 못할 거야.

f. Would ten minutes be enough to finish the task?
⇒ 그 일 끝내는데 10분 정도면 충분하니?

3. 과거에 반복적으로 행하던 일을 언급할 때

g. On summer evenings we would watch the sun go down.
⇒ 여름날 저녁에 우리는 해가 지는 것을 바라보곤 했다.

h. Joe's family would have dinner with their neighbors.

4. 요청이나 초대할 때; will 보다는 좀 더 공손한 표현

i. Would you help me, please? ➜ 요청

j. Would anyone like to go bowling? ➜ 초대

k. Would you come to the party? ➜ 초대

5. '기꺼이 ~하다'를 의미할 때; 반면에 would not은 '~를 거절하다' 의미

l. She would let you use her car anytime.

m. The spokesman would not comment on the issue.

⚠ '기꺼이 ~하다'는 현재나 미래 상황에, '~를 거절하다'는 과거 상황에 사용.

37 의문문 만들기: 직접 의문문

의문문은 크게 직접 의문문과 간접 의문문으로 나눌 수 있다. 직접 의문문은 아래의 a~c 문장처럼 동사 또는 의문사를 문장 처음에 사용하고 의문 부호로 끝나는 구조를 취한다. 한편 간접 의문문은 하나의 의문문이 평서문(d)이나 의문문 속에 포함된 형식(e)을 말한다.

a. Did you enjoy the movie?

b. Can you pick up the package for me?

c. Where were you last night?

d. I don't know if David is coming to the meeting.

e. Could you tell me what day it is?

먼저 직접 의문문을 만드는 절차를 살펴보자.

1. 의문사(who, when, how 등)가 없는 경우: 동사 그리고 주어 순서로 시작

1.a 동사가 일반 동사인 경우에는 'do' 동사를 사용하며 시제를 일치시킴

- He likes the shoes. ⇨ Does he like the shoes?
- She went swimming yesterday? ⇨ Did she go swimming yesterday?

1.b 'be' 동사나 조동사(can, will 등)가 사용된 경우는 이를 앞으로 이동

- 10 o'clock is okay for you. ⇨ Is 10 o'clock okay for you?
- You would like a cup of tea. ⇨ Would you like a cup of tea?

2. 의문사가 있는 경우

2.a 의문사가 문장의 주어 역할을 하는 경우, 의문사를 문장 처음에 위치하고 바로 동사를 이어서 사용. 동사 형태의 변화가 없음에 유의.

- Who was the winner?
- What caused the accident?

2.b 의문사가 주어 이외의 역할(부사나 목적어 등)을 하는 경우, 의문사를 문장 처음에 위치시키고 나머지는 위 1의 원칙을 적용

- What did you buy at the store? ➜ what은 buy의 목적어
- Why are you angry? ➜ why는 이유를 나타내는 부사
- When will she meet Sam? ➜ when은 시간을 나타내는 부사

3. 부정 의문문은 위의 1~2의 원칙을 그대로 적용

- Didn't he leave right after the show?
- Why didn't she like the movie?

38 의문문 만들기: 간접 의문문, Part 1

직접 의문문보다 오류를 더 많이 범하는 간접 의문문을 만드는 절차를 살펴보자. 먼저 간접 의문문은 의문사가 있는 경우와 의문사가 없는 경우로 나눌 수 있다.

1. 의문사가 있는 의문문을 평서문이나 의문문에 포함시켜 간접적으로 물어 보는 경우, '의문사+주어+동사' 순으로 배열한다. 이때 시제나 수의 일치는 원래 의문문의 것을 그대로 따른다.

How much does it cost?
⇓ 현재 시제와 3인칭 단수를 그대로 적용
• I don't know *how much it costs.*

Why did he leave?
⇓ 과제 시제를 그대로 적용
• Do you know *why he left*?

How long has she been living here?
⇓ 현재완료 진행형 시제를 그대로 적용
• Can you tell me *how long she has been living here*?

Who won the game?
⇓ 의문사가 주어인 경우는 그 순서 그대로 사용
• She asked *who won the game.*

⚠ 가장 흔히 범하는 실수는 간접 의문문임에도 불구하고 의문사 다음에 '동사+주어'의 순서를 그대로 사용하는 경우다. 예를 들어 'What time is it?'이라는 의문문에 너무 익숙하다 보니까 다음과 같은 오류를 범하는 경우가 종종 있다: ~~Do you know what time is it?~~

- ~~I don't know who is he.~~
- ~~He didn't have any idea where should he go.~~

39 의문문 만들기: 간접 의문문, Part 2

2. 의문사가 없는 의문문을 간접 의문문으로 만들 경우에는, 'if'나 'whether'를 필히 먼저 사용하고 '주어+동사'의 순으로 배열한다.

Does he like her?

⇓ 현재 시제와 3인칭 단수를 그대로 적용

- I wonder *if*(또는 *whether*) *he likes her*.

Will she start her new job next week?

⇓ 주어+조동사(will)+본동사 순서로

- Do you know *if/whether she will start her new job next week*?

Has she found a job yet?

⇓ 현재완료 시제를 그대로 적용

- I wonder *if/whether she has found a job yet*.

⚠ 의문사가 있는 간접 의문문과는 달리, 의문사가 없는 경우에는 '주어+동사'의 순서를 지키지 않는 다음과 같은 오류는 드물다.

- ~~I wonder if does he like her.~~
- ~~Do you know if could she come to the party~~?

Important

간접 의문문의 동사와 문장 전체 본동사의 발생 시간에 차이가 있을 때

'He asked me+간접 의문문'에 'Did you fix the computer by yourself?'를 간접 의문문으로 포함할 때 시제의 처리는?

➔ 이때 결정할 사항은, ask한 시점과 fix한 시점 사이에 어느 정도의 차이가 있느냐이다. 만약에 물어본 시점과 컴퓨터를 고친 시점이 큰 차이가 없으면 둘 다 과거 시제를 사용하면 된다.

⇓

- He asked me *if/whether I fixed the computer by myself*.

하지만, 두 사건 사이에 시간 차이가 많은 경우(가령, 한 달 정도)에는 그러한 시간 차이를 나타내기 위해서 if이하에 과거완료를 사용할 수 있다:

- He asked me *if/whether I had fixed the computer by myself*.

40 간접 의문문 원칙의 예외

의문사가 있는 의문문을 다른 의문문에 포함시켜 간접 의문문을 만들 때 '원래 문장+의문사+주어+동사'의 원칙을 앞에서 제시했는데, 이 원칙을 따르지 않는 경우가 있다. 원래 문장의 동사가 다음에 해당할 때 그러하다.

think, believe, say, guess, suppose, propose, recommend

예를 들어,

What does he want?

⇓ 평소의 간접 의문문 원칙 적용

⇨ ~~Do you think what he wants?~~

⇓ 예외적인 간접 의문문 규칙 적용

⇨ What do you **think** he wants?

⚠ 원래 의문문의 동사가 위 표에 주어진 동사인 경우, 간접 의문문의 의문사는 문장 맨 앞으로 이동한다.

이와 같은 예외적인 규칙은 의문사가 형용사나 부사의 역할을 하는 경우 (예 which restaurant, how old 등)에도 역시 적용이 된다.

How old is he?

⇓ how old를 문장의 처음으로 이동

How old do you **guess** he is?

What city is the most beautiful in the world?

⇓ what city는 문장의 처음으로 이동

What city do you **believe** is the most beautiful in the world?

a. What do you think you will do next week?

b. When do you suppose it will happen?

c. How bad does he believe the economy is?

d. Which course do you recommend I should take?

e. What does she say is the most important thing to remember?

f. Where do you propose we meet?

41 부가 의문문과 짧은 응답, Part 1

Jane: You enjoyed the movie, didn't you?

Tom: I did. How about you?

David: So did I.

위 세 사람의 대화에서 사용된 부가 의문문과 짧은 응답에는 동사의 활용과 관련하여 공통적으로 적용되는 규칙이 있다. 본 문장의 동사가 일반 동사일 때는 'do' 동사의 도움을 받고(앞 문장의 시제가 현재이면 do 또는 does 그리고 과거 시제이면 did를 사용) 'be' 동사나 조동사인 경우(예 would, had, can, did 등)는 그대로 사용하면 된다.

우선 부가 의문문은 본 문장이 긍정문이면 부정으로, 그리고 본 문장이 부정문이면 긍정으로 묻는다. 그 다음에 위에서 언급한 규칙을 적용시킨다.

a. He **knows** the answer, **doesn't** he? ➜ 긍정문 + 부정 부가 의문문

b. That **is** a serious problem, **isn't** it? ➜ 긍정문 + 부정 부가 의문문

c. You **won't** join the club, **will** you? ➜ 부정문 + 긍정 부가 의문문

d. She **is not** the new boss, **is** she? ➜ 부정문 + 긍정 부가 의문문

e. You **aren't** playing tennis tonight, **are** you?
➜ 부정문 + 긍정 부가 의문문

f. He **didn't** call Sally, **did** he? ➜ 부정문 + 긍정 부가 의문문

⚠ 'not'이외에 부정의 뜻을 지닌 표현(예 never, hardly, little, few, no 등)이 본 문장에 사용된 경우에도 긍정 부가 의문문을 사용한다.

- He **never** shows up on time, **does** he?
- There's **little** evidence to support his claim, **is** there?

◇ 독특한 부가 의문문

1. 'I am'을 사용한 문장에 대한 부가 의문문의 경우, 부정문은 위 원칙을 적용하지만 긍정문은 'aren't I'를 사용.
   - I am not right, am I?
   - I am right, **aren't I**?

2. 상대방에게 요청하는 명령문은 본 문장의 긍/부정에 관계없이 'will you' 사용.
   - Sit down, will you?
   - Don't be late, will you?

42 부가 의문문과 짧은 응답, Part 2

3. 본 문장의 주어가 everything이나 nothing인 경우, 부가 의문문의 주어는 'it'을 사용.

- **Everything** is all right, isn't **it**?
- **Nothing** can beat the machine, can **it**?

4. let's를 사용한 경우, 본 문장의 긍/부정에 관계없이 부가 의문문은 'shall we' 사용.

- **Let's** give it a try, **shall we**?
- **Let's not** keep it as a secret, **shall we**?

5. 본 문장이 I think, I believe, I suppose 등으로 시작하는 경우에는, 이러한 동사들 다음에 오는 절(clause) 속의 동사에 따라 부가 의문문을 만든다.

- I think he **is** a comedian, **isn't** he?
- I **don't** guess it will snow, **will** it?

⚠ 위 문장의 경우 guess이하의 절이 긍정문이지만 부가 의문문 역시 긍정문을 사용하고 있다. 그 이유는 think, believe, guess, suppose와 같은 동사는 이어지는 절이 부정문일 때 부정어를 앞으로 이동하여 문장 전체의 본동사를 부정하는 형식을 취하기 때문이다.

- ~~I guess it will not snow.~~ ⇨ I don't guess it will snow.

즉, it이하의 내용이 원래는 부정문이므로 긍정 부가 의문문을 사용한 것이다.

◇ 짧은 응답

앞에 언급된 내용과 동일함을 나타낼 때 앞선 표현을 그대로 반복하지 않고 간단히 줄여서 표현하는 짧은 응답이 흔히 사용된다. 예를 들어, "I hope that my favorite team wins the game."을 어떤 이가 말한 후에 나도 같은 생각을 가지고 있다고 말할 때 "I also hope that my favorite team wins the game."처럼 같은 내용을 반복하는 대신에 "So do I."로 짧게 표현할 수 있다.

짧은 응답은 '접속사+동사+주어'의 도치 형태를 취하며 동사의 사용에 있어서 부가 의문문과 같은 원칙을 따르는데 좀 더 자세히 살펴보자.

43 부가 의문문과 짧은 응답, Part 3

1. 먼저, 앞 문장의 내용이 긍정문이고 새로 말하는 이가 자신도 그러함을 표현할 때는 접속사 'So'를 사용한다. 한편, 앞 문장이 부정문이고 새로 말하는 이 자신도 동의를 표현할 때는 'Neither'를 사용하며 또 다른 부정어를 사용하지는 않는다.

A: I arrived there on time　　B: So did I. ⇒ 나도 정시에 도착했어.
A: I won't go there　　B: Neither will I. ⇒ 나도 안 갈래.

2. 짧은 응답의 동사 경우, 앞선 문장의 동사가 일반 동사일 때는 'do' 동사의 도움을 받고 (앞 문장의 시제가 현재이면 do 또는 does 그리고 과거 시제 이면 did를 사용) 'be' 동사나 조동사인 경우(예 would, have, can, did 등)는 그대로 사용하면 된다.

A: That dress **looks** beautiful.　　B: **So does** this one.

A: She **didn't** enjoy the concert　　B: **Neither did** he.

A: He was so tired after the trip.　　B: So was I.
A: I will have a cup of coffee.　　B: So will I.
A: She would not take the offer.　　B: Neither would he.
A: I have forgotten to call him.　　B: So have I.

3. 'not'이외에 부정의 뜻을 지닌 표현(예 never, hardly, little, few, no 등)이 앞선 문장에서 사용된 경우 'Neither'를 활용한다.

A: He hardly likes the idea.　　B: Neither does she.
A: I never go out after 11 on Sunday.　　B: Neither do I.

⚠ 문장이 I think, I don't think, I believe, I don't guess, I suppose 등으로 시작하는 경우에는, 이 동사들의 긍/부정에 따라 so나 neither를 사용한다.

A: I think I like the idea.　　B: So do I.
A: I don't believe it is a good idea.　　B: Neither do I.

44 동사 + 'V-ing 목적어', Part 1

a. Can you imagine living on the moon?

b. I wanted to run further but I couldn't.

c. He hates memorizing/to memorize the whole text.

타동사 다음에 오는 목적어로 일반 명사(apple, shoes처럼 원래 품사가 명사인 경우)가 아닌 명사 역할을 하는 동사 표현들이 쓰이는 경우를 흔히 접하게 된다. 그러한 표현들은 크게 두 가지로 나눌 수 있는데 'Ving' 그리고 to 다음에 동사 원형을 사용하는 'to-부정사'이다. 동사에 따라 목적어로 'V-ing' 또는 'to-부정사'만을 사용하는 경우도 있고, 어떤 동사는 둘 다 가능한 경우도 있다.

1. V-ing 목적어를 취하는 대표적인 동사 목록

admit, adore, appreciate, avoid, consider, defer, delay, deny, dislike, dread, endure, enjoy, fancy, finish, imagine, involve, lie, mention, mind, miss, postpone, prevent, recall, report, resent, risk, suggest

d. David admitted driving without care and attention.

e. Children enjoy playing alongside each other.

f. The task involves exploring the borderline between love and hate.

g. Would you mind waiting outside for a moment?

h. Susie suggested going to another restaurant.

i. If you swim in contaminated water, you risk getting sick.

j. They must avoid giving false information to the visitors.

⚠ 많은 문법책에서 본동사 다음의 V-ing의 내용이 본동사의 시제보다 앞서 일어난 경우에는, V-ing 대신에 'having+과거 분사'를 사용해야 한다고 주장한다. 예를 들어, 'David admitted driving without care and attention.'에서 운전을 한 사실은 인정한 것보다 먼저 발생했다. 이 경우 'David admitted having driven without care and attention.'으로 표현해야 한다는 것이다. 하지만, 'having driven'을 사용 안 해도 문맥상 앞서 일어났다는 것을 유추할 수 있으므로 그냥 'driving'만 사용하면 된다.

45 동사 + 'V-ing 목적어', Part 2

a. Can you imagine playing the piano at Carnegie Hall?

b. Can you imagine David playing the violin?

a 문장은 imagine 바로 다음에 V-ing가 따르는 반면에, b 문장은 명사가 온 다음에 V-ing를 사용한 큰 차이점이 있다. a 문장에서 'playing the piano'하는 주체는 문장의 주어인 'you'이다(카네기홀에서 네가 피아노 치는 것을 넌 상상할 수 있겠어?). 반면에 b 문장에서 'playing the violin'하는 사람은 'David' 이다(David이 바이올린을 연주하는 것을 넌 상상할 수 있겠어?).

a 문장처럼 동사의 목적어(V-ing이하 전체)를 행하는 주체가 문장 전체의 주어와 동일한 경우에는 you를 반복할 필요가 없다. 반면에 b 문장처럼 V-ing를 하는 주체가 문장 전체의 주어와 다른 경우에는 꼭 언급해야 한다. b 문장의 문법적 구조를 보면, imagine의 목적어는 David이며, V-ing 부터는 목적어에 대한 추가적인 정보를 제공하는 목적격 보어에 해당한다.

c. I don't mind you staying at my place.
d. He dislikes Susie telling him what to do.
e. Nobody can stop her doing extra works.

Important

위 c~e 문장에서 한 가지 공통점은 V-ing를 하는 주체를 나타낼 때 모두 목적격을 사용하고 있다. 일부 문법책에서는 목적격은 비격식의 글에서 사용하고 격식의 글에서는 소유격(예 I don't mind your staying at my place; He dislikes Susie's telling him what to do)을 사용한다고 주장하고 있다. 하지만 이러한 구분은 학자들이나 할 뿐 일상에서는 거의 따르지 않으므로 사용의 빈도수가 높은 목적격을 사용하면 된다.

⚠ V-ing이하의 내용을 부정할 때는 다음과 같이 not+V-ing하면 된다.

- You should avoid not having a clear goal.
- Many countries still risk not reaching gender equality.
- Can you imagine her not doing the homework?

46 동사 + 'to + 부정사 목적어', Part 1

a. I wanted to run further but I couldn't.

b. We decided to eat out to celebrate his graduation.

c. She chose to accept the offer from the company.

위 문장들의 공통점은 타동사 다음에 오는 목적어로 'to+부정사(동사 원형)'를 사용하고 있다. 'to+부정사'를 취하는 대표적인 동사들의 목록은 다음과 같다.

agree, appear, attempt, choose, continue, decide, expect, fail, hate, hesitate, hope, intend, learn, manage, mean, offer, plan, pretend, promise, refuse, seem, want

d. He attempted to read the novel in a day.

e. They expect to arrive in time for the show.

f. We all hoped to have more art classes.

g. Cindy has learned to speak German for two years.

h. She promised to visit us again.

i. ~~I wanted running further but I couldn't.~~

j. ~~We decided going home as soon as possible.~~

Important

V-ing를 목적어로 취하는 동사의 경우, V-ing의 내용이 본동사의 시제보다 앞서 일어난 경우에 굳이 'having+과거 분사'를 사용하지 않아도 된다고 이전에 다루었다. 하지만, 'to+부정사'를 목적어로 취하는 동사의 경우에는, 'to have+과거 분사'를 사용해야 본동사의 시제보다 앞서 일어난 것임을 좀 더 명확히 전달할 수 있다. 다음 두 문장의 의미 차이가 이를 잘 보여준다.

- You appear to have spent all your money.
  = 당신은 가진 돈을 모두 써 버린 것 같아.

  vs.

- You appear to spend all your money.
  = 당신은 가진 돈을 모두 쓰려고 하는 것 같아.

- John pretends to have met a lot of famous people.
- I meant to have sent the package, but I forgot.
  = I didn't send the package.

47 동사 + 'to + 부정사 목적어', Part 2

a. They expects to arrive in time for the movie.

b. He wanted me to accept the offer from the company.

a 문장은 expect 바로 다음에 'to+부정사'를 사용한 반면에, b 문장은 명사가 온 다음에 'to+부정사'를 사용한 큰 차이점이 있다. a 문장에서 'to arrive in time for the movie' 행위를 하는 사람은 문장의 주어인 'They'이다. 반면에 b 문장에서 'to accept the offer from the company' 행위를 하는 사람은 'He'가 아닌 'me'이다.

a 문장처럼 동사의 목적어(to+부정사 이하 전체)를 행하는 주체가 문장 전체의 주어와 동일한 경우에는 They를 반복할 필요가 없다. 반면에 b 문장처럼 'to+부정사'를 행하는 주체가 문장 전체의 주어와 다른 경우에는 꼭 언급해야 한다. b 문장의 문법적 구조를 보면, 'want'의 목적어는 'me'이며, 'to+부정사' 부터는 목적어에 대한 추가적인 정보를 제공하는 목적격 보어에 해당한다.

⚠ 'to+부정사' 이하의 내용을 부정할 때는 'not+to+부정사' 하면 된다.

- She promised not to visit us again.
- He wanted me not to accept the offer from the company.
- We all hoped not to have more science classes.

⚠ 'want' 동사는 'that-절'을 목적어로 취하지 않음에 절대 유의해야 한다.

- I want him to go home right away.
- I want ~~that he goes home right away~~.

⚠ 'suggest' 동사는 'that-절'은 목적어로 취하지만 '목적어+to+부정사'는 허용하지 않는다.

- David suggested that I should take a rest.
- David suggested ~~me to take a rest~~.

48 '동사 + V-ing' 또는 'to + 부정사'

특정 타동사 다음에 목적어로 V-ing를 사용하는지 to+부정사를 사용하는지를 암기하는 것은 학습자에게 큰 부담이다. 그런데 다음의 6개 동사들은 이러한 부담을 더욱 가중시키고 있다. 이들은 의미적으로 '허용' 또는 '금지'의 공통 요소를 지니고 있다.

advise, allow, forbid, permit, recommend, require

이 동사들이 왜 부담이 되는지 예들을 먼저보자.

a. They don't allow smoking in this building.
b. They don't allow me to smoke in the restaurant.

c. I wouldn't advise reading the magazine.
d. I wouldn't advise him to read the magazine.

e. The project required working closely with other members.
f. The project required her to work closely with other members.

g. The authorities forbade entering the park.
h. The authorities forbade the group to enter the park.

a 문장부터 h 문장까지를 살펴보면 동사 다음에 사람 목적어의 존재 여부에 따라 이어지는 동사 표현이 달라지는 점을 알 수 있다. 사람 목적어가 없으면 V-ing를 사용하고, 있으면 to+부정사를 사용하는 점이다.

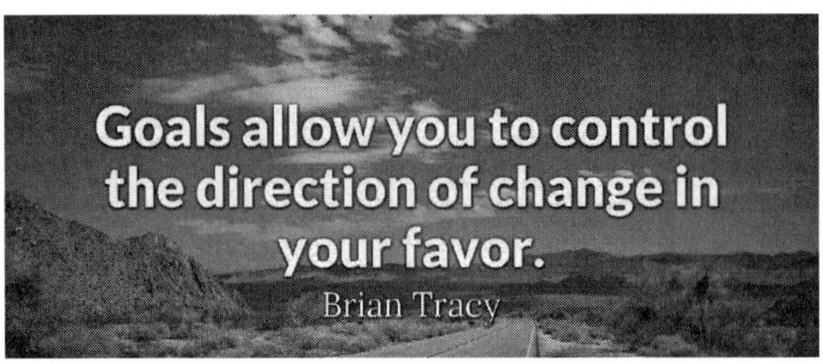

49 'V-ing' 와 'to + 부정사'의 수동태

본동사의 목적어로서 쓰이는 V-ing 그리고 to+부정사 표현은 능동태와 수동태 두 가지 모두로 표현할 수 있다.

a. I enjoy (people calling me a comedian).
주어 동사 목적어 보어 ➜ 이 부분을 수동태로 바꾸면

- 1 단계: 목적어는 주어자리로 그리고 주어는 끝으로 이동.
  ⇨ me calling a comedian people
- 2 단계: 끝으로 이동한 people은 calling을 하는 행위자이므로 by people로 수정.
  ⇨ me calling a comedian by people
- 3 단계: 동사부분은 'be 동사+과거 분사'로 전환. enjoy 다음은 V-ing유의.
  ⇨ me being called a comedian by people
- 4 단계: 이전에 언급하였듯이 V-ing앞에 오는 명사가 문장 전체 주어와 동일하면 생략할 수 있으므로 me를 생략. 그리고 by people처럼 행위자가 일상의 사람들인 경우 수동태에서 생략할 수 있으므로 삭제.
  ⇨ I enjoy being called a comedian.

b. I expect (them to meet me at the station).
주어 동사 목적어 부사 ➜ 이 부분을 수동태로 바꾸면

- 1 단계: 목적어는 주어자리로 그리고 주어는 끝으로 이동. 부사는 그대로.
  ⇨ me to meet at the station them
- 2 단계: 끝으로 이동한 them은 행위자이므로 by them으로 수정.
  ⇨ me to meet at the station by them
- 3 단계: 동사부분에서 to는 그대로 두고 부정사만 'be+과거 분사'로 전환.
  ⇨ me to be met at the station by them
- 4 단계: to+부정사 앞의 명사가 문장 전체와 동일하므로 생략. 그리고 by them처럼 행위자가 불특정 다수일 때 생략할 수 있으므로 삭제.
  ⇨ I expect to be met at the station.

⚠ 이처럼 능동태를 수동태로 전환하기 위한 전제 조건은 목적어(위 두 문장에서 me)가 있어야 한다. 목적어가 없는 다음 경우에는 수동태로 바꿀 수 없다.

- I enjoy exercising at night.
- I expect to arrive at the station soon.

50 Prefer

prefer는 크게 두 경우에 사용한다. 첫째, 특정한 사항에 대해 좋아함을 나타내는 경우이다.

prefer + 명사
prefer + 명사 + 보어
prefer + (목적어) + to + 동사 원형

a. Does he prefer a particular kind of music?

b. The wall is painted green. I preferred it blue.

c. I prefer to drive.

d. He prefers not to speak out on political issues.

e. I prefer you to drive.

둘째, 두 가지의 선택 중에서 하나를 선호할 때 쓰는 경우이다. 그런데 이를 표현하는 문장 구조가 매우 다양하다.

prefer + 명사 + to + 명사
prefer + V-ing + to + V-ing
prefer + to + 동사원형 + rather than + 동사원형(앞의 동사원형과 같을 때 생략가능)

각 문장 구조에 따른 예들을 제시하면,

f. I prefer coffee to tea. ⇒ 나는 차보다 커피를 좋아해.

g. He always prefers quality to quantity.

h. I prefer this machine to more expensive machines.

i. We prefer flying to going by train. ⇒ 기차보다는 비행기로 가는 걸 선호해.

j. Some people prefer camping to staying in hotels.

k. He prefers watching television to reading books.

l. I prefer to drive rather than go by bus. ⇒ 버스보단 운전을 선호해.

m. She prefers to go out with you rather than stay here.

n. He prefers to discuss it with friends rather than with his family.

⚠ 위의 l~n 문장에서 rather than 대신에 than만을 쓰기도 하지만 보편적인 경우는 아니다.

- I prefer to walk than to catch the train.

51 Remember와 Forget

remember와 forget 다음에 다양한 동사 구조가 올 수 있는데 각 구조별로 서로 다른 의미를 지니고 있다.

remember	V-ing	~했던 것을 기억하다
	being + V-ed	~되었던 것을 기억하다
	to + 동사 원형	~할 것을 기억하다

a. He remembers seeing the picture before.

b. I remember being fascinated by the actor's appearance.

c. Please remember to lock the door before you leave.

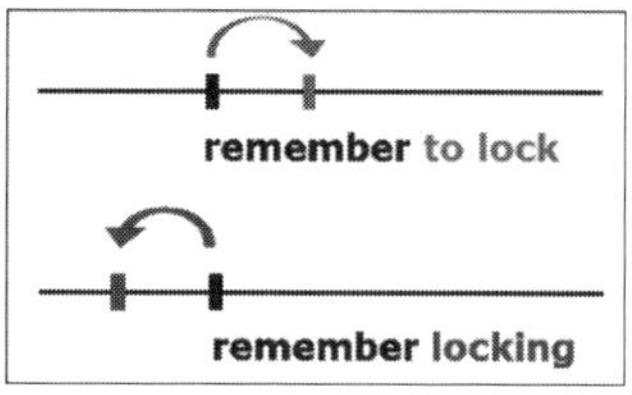

⚠ 첫 번째 구문의 경우에 V-ing를 행하는 주체가 문장의 주어와 다른 경우 이를 언급할 수 있다: She remembers her mother lying on the sofa.

forget	V-ing	~했던 것을 잊다
	being + V-ed	~되었던 것을 잊다
	to + 동사 원형	~할 것을 잊다

d. I will never forget winning the championship.

e. I'd like to forget being bullied as a boy.

f. Don't forget to turn off the gas when you go on holiday.

⚠ remember와 forget은 이어지는 동사 구조의 종류와 각 구조별 의미에서 유사점을 지니고 있다. 하지만 큰 차이점은 remember의 경우 문장의 주어와 V-ing의 주체가 다른 경우 이를 명시할 수 있지만, forget 구문의 경우는 허용하지 않는 점이다: 즉, ~~I will never forget him winning the game.~~

Don't forget to stop and smell the roses.

— Walter Hagen —

52 Say, Talk, Speak, Tell

"나는 그에게 그 계획에 대해서 이야기했다." 이 문장은 다음의 네 가지 영어 표현으로 옮길 수 있다.

I	said to	him	about the plan.
	talked to		
	spoke to		
	told		

동사 뒤에 사람(예 고유명사, 인칭대명사 등)이 올 경우 say, talk, speak는 자동사로 그리고 tell은 타동사로 사용한다. tell의 경우, 'I told him ...'로 사용하는 것이 올바른데 한국어의 간섭('그에게'의 '에게')으로 인해 'I told to him ...'로 쓰는 경우를 종종 볼 수 있다. 그런데 say, talk, speak, tell 모두 자동사 그리고 타동사로 사용할 수 있다. 네 동사의 자동사, 타동사로서의 사용 예를 보면,

say	자동사	• I ***said to myself***, "That can't be right." • You have no choice; you must do as I say.
	타동사	• Please say what's on your mind. • They say that we will have rain tomorrow.
talk	자동사	• I ***talked to him*** on the phone until midnight. • He never talks at the meetings.
	타동사	• She is talking a lot of nonsense. • Let's talk actual strategies for achieving the goals.
speak	자동사	• This book ***speaks to teens*** about self-control. • Actions speak louder than words.
	타동사	• I couldn't speak a word of French. • Speak the truth and keep it short and simple.
tell	자동사	• He ***told of*** his travel in Brazil. • He is lying. I can always tell.
	타동사	• Could you ***tell me*** how to use this machine? • She ***told the children*** to behave nicely.

53 강조, 겸손, 설득의 'Do'

영어에서 'do'만큼 다양한 역할을 하고 수많은 의미로 쓰이는 동사는 드물다. 일반 동사로서 'do'는 '~을 하다' '해결하다' '영향을 끼치다' '직업을 행하다' '서비스를 제공하다' 등 일일이 열거하기 어려울 정도의 다양한 뜻을 지니고 있다. 그럼에도 불구하고 많은 학습자들은 오로지 '하다'라는 뜻 하나만을 가지고 모든 문장을 해석하려는 경우가 있다. '하다'라는 뜻으로 해석이 어색한 경우에는 사전을 찾아 그 문맥에서 적절한 뜻이 무엇인지 살펴보는 것이 꼭 필요하다.

a. Think twice before doing anything. ➜ ~을 하다
b. It will do you good to take a nap. ➜ 영향을 끼치다
c. What do you do for a living? ➜ 직업을 가지다
d. They provide catering services and do packaging. ➜ 서비스를 제공하다

조동사로서 'do'는 아래의 예시들처럼, 의문문, 부정문, 부가 의문문, 명령문, 도치 구문에서 본동사와 함께 사용되며, 또한 반복구문에서 대동사로 사용된다.

e. Did they like the movie?
f. You don't want to buy the shirt, do you?
g. Don't be late.
h. Rarely does she eat meat.
i. He spends more money than I do. ➜ 반복구문에서 spend를 대치

e~i 문장에서 조동사로서의 'do'는 문법적으로 완성된 문장을 구성하는데 필요한 역할을 수행하는데 그치고, 그 자체가 특별한 의미를 지니지는 않는다. 하지만 다음과 같은 경우에는 조동사 'do'가 본동사의 의미를 강조하는 역할(j~k), 상대방에게 겸손하게 요청하는 역할(l~m), 상대방을 설득하는 역할(n~o)을 수행한다.

j. Yes, I do understand. ➜ understand함을 강조
k. He did mention that he felt sorry for me. ➜ mention했음을 강조
l. Do take a sit. ➜ 앉을 것을 겸손하게 권함
m. Please do take your time with the application. ➜ 충분한 시간을 가질 것을 겸손하게 권함
n. Do help yourself to more tea. ➜ 차를 더 마시라고 설득
o. Do stay and have dinner with us. ➜ 머물러 달라고 설득

54 Think 총 정리

think란 단어를 접했을 때 바로 떠오르는 뜻이 우리말로 무엇이냐고 묻는다면 아마도 모든 사람들이 '생각하다'일 것이다. 그리고 나서 '생각하다'가 무슨 뜻이냐고 묻는다면 여러 가지 다양한 답이 나올 것이다. 국어사전에서 '생각하다'는 다음 5가지의 주요한 뜻을 지니고 있는데, 각각의 의미에 해당하는 영어 쓰임새와 유의해야할 점에 대해 알아보자.

1. '어떤 일에 대한 의견이나 느낌을 가지다.' ➜ '생각하다'의 가장 보편적인 뜻으로 영어로 이 의미를 나타낼 때는 진행형을 사용할 수 없음에 유의해야 한다.

   a. I think the plan is well-organized.

   b. ~~I am thinking the plan is well-organized.~~

2. '사물을 헤아리고 판단하다.' ➜ 이 의미에 맞는 표현은 'think about'이며 진행형도 가능하다.

   c. I am thinking about why he did such a stupid thing.

   d. ~~I am thinking why he did such a stupid thing.~~

3. '어떤 사람이나 일 따위에 대하여 기억하다.' ➜ 이 의미에 맞는 표현은 'think of'이며 진행형도 가능하다.

   e. She thought of her childhood when she saw the movie.

   f. ~~She thought her childhood when she saw the movie.~~

4. '어떤 일을 하려고 마음을 먹다.' ➜ 이 의미에 맞는 표현은 'think of' 또는 'think about'이며 진행형도 가능하다.

   g. I am thinking of making another trip to Paris.

   h. ~~I am thinking to make another trip to Paris.~~

5. '앞으로 일어날 일에 대하여 상상해 보다.' ➜ 타동사로 'think'를 사용하고 진행형이 가능하다.

   i. I am thinking what a scene it will be after the victory.

   j. ~~I am thinking about what a scene it will be after the victory.~~

Important

우리말과는 다르게 think는 '생각하다' 이외에 '~라고 믿다'의 의미를 지닌다. '~라고 믿다' 의미일 때 진행형은 사용할 수 없다.

- I think God exists.
- ~~I am thinking he is a liar.~~

55 Affect vs. Effect

affect와 effect는 철자가 매우 비슷하여 뜻도 유사한 것으로 생각하는 경우가 있다. 하지만 그 뜻과 쓰임새는 매우 다르다. 비록 두 단어 모두 동사 또는 명사로도 사용할 수 있지만, affect는 거의 대부분 동사로 사용하고 effect는 명사로 쓰인다. 두 단어의 차이점을 다음과 같이 정의내릴 수 있다.

To ***affect*** something is to have an ***effect*** on it.

즉 '무언가에 영향을 끼치면(affect) 어떤 효과/결과(effect)가 나타난다.'의 의미로 쓰인다. 예문을 통해서 살펴보면,

a. ~~It's a magazine about cars and their affects on our lives.~~
➜ affect를 명사로 사용하고 있음
⇨ It's a magazine about cars and their effects on our lives.

b. ~~Smoking effects your health.~~
➜ effect를 동사로 사용하고 있음.
⇨ Smoking affects your health.
⇨ Smoking has an effect on your health.

c. ~~My long illness would have the effect to reduce attention span.~~
⇨ My long illness would have the effect of reducing attention span.
➜ 'have/produce the effect of V-ing' 구문 사용

d. The drug had the effect of producing sleep.

e. He said something to the effect that he was sorry.
➜ 숙어 'to the effect that' 뜻은 '전반적인 의미는' '대체적으로 볼 때'

⚠ affect의 동의어로 그리고 effect의 동의어로서도 제시되는 단어가 있는데 바로 'impact'이다. 즉, impact는 동사로는 '영향을 끼치다' 명사로는 '영향/결과'의 의미를 지니고 두 품사로 두루 쓰이고 있다.

- The decision will impact your whole life. ➜ 타동사로 쓰임
- Increased demand will impact on sales.➜ 자동사로 쓰임
- The impact of Einstein on modern physics is enormous. ➜ 명사
- The book had an important impact on musical thought. ➜ 명사

56 현재 - 과거 - 과거 분사가 동일한 동사

자주 쓰이는 동사 중에서 현재, 과거, 과거 분사의 형태가 모두 동일한 경우들이 적잖이 있다. 그중에는 발음도 동일한 경우가 있고 어떤 동사는 시제에 따라 발음은 달리해야 하는 경우도 있다.

1. 형태와 발음이 동일한 동사

bet burst cast cost cut hit hurt let put quit set shut split spread

a. I bet this place is really beautiful at night.
 ➜ '~라고 생각하다' 뜻의 현재형

b. He bet them that we would win the game.
 ➜'~와 내기를 하다' 뜻의 과거형

c. It costs more to live in the city.

d. ~~It costed three dollars to get in.~~ ⇨ It cost three dollars to get in.

e. My body hurts so much.

f. ~~The silence from Alex had hurted her.~~ ⇨ ... had hurt her.

g. She put down a heavy shopping bag. ➜ put의 과거형

h. The government has put a new tax on cigarettes.

i. The electricity shuts off automatically at night.

j. The book was too boring so I shut it. ➜ shut의 과거형

k. We spread the toy parts out on the floor. ➜ spread의 과거형

l. ~~The bird spreaded its wings.~~ ⇨ The bird spread its wings.

m. We were surprised at the scene that was spread before us.
 ➜ spread의 과거 분사

2. 형태는 동일하지만 발음은 다른 유일한 동사

현재	과거	과거 분사
read /ri:d/	read /rɛd/	read /rɛd/

n. Jessie reads poems so beautifully. ➜ 현재

o. He read poems to the students. ➜ 과거

p. I replied that I had not read the book yet. ➜ 과거 분사

57 주어와 동사의 도치, Part 1

의문문은 '동사+주어' 순서를 따르지만, 평서문은 특별한 경우를 제외하고 '주어+동사' 순서를 따른다. '동사+주어' 순서를 사용하는 특별한 경우를 도치(inversion)라고 부른다. 평서문에서 도치를 하는 경우들을 살펴보자.

1. 가장 많이 쓰이는 경우로, 강조를 위해서 '부정적 의미를 지닌 부사어'를 문장 처음에 사용할 때 도치를 한다. 동사가 일반 동사일 때는 'do'의 도움을 받아 도치시키고, 'be' 동사나 조동사가 사용된 경우에는 그 것들을 주어 앞으로 이동한다.

scarcely, little, under no circumstances, on no occasion, hardly, on no account, rarely, never, seldom, nowhere, not once

a. Rarely does she eat meat. ⇦ She rarely eats meat.

b. Never have I experienced such pain. ⇦ I have never experienced ...

c. Seldom is he a main character in the movies.
⇦ He is seldom a main character in the movies.

d. Nowhere can you buy such cheap jeans.
⇦ You can buy such cheap jeans nowhere.

2. 상대방의 주의를 끌기 위해 'here' 또는 'there'를 사용할 때 도치시킨다.

e. Here comes my brother!

f. There goes the bus.

⚠ 단, 주어가 인칭대명사일 때는 도치를 하지 않는다.

• Here she comes! • ~~Here comes she!~~

• There he is! • ~~There is he!~~

3. 장소를 나타내는 부사어를 문장 처음에 위치시킬 때 도치를 한다. 'Here'와 'There'를 상대방의 주의를 끌기 위한 경우가 아닌, '이 곳' '저기' 등 장소를 의미하는 부사로 사용할 때 역시 주어와 동사를 도치시킨다.

g. Behind the desk was a huge tree.

h. In the corner stood a lamp.

i. There stood a tall tree.

j. Here was the Rocket Hotel.

58 주어와 동사의 도치, Part 2

4. 'only+부사어 또는 부사절'이 문장 처음에 위치할 때 도치를 한다.

k. Only in summer do we see people fishing in the river.

l. Only when we got home did we realize we had left the lights on.

⚠ 'only+명사'가 문장 처음에 올 때는 도치하지 않는다.

- Only mom knew that I skipped the class.

5. 접속사 neither, nor, not only 등을 문장이나 절의 처음에 사용할 때 도치를 한다.

m. The house has no central heating, nor does it have a boiler.

n. I never learned to swim and neither did she.

o. Nor is heavy rain always a bad thing.

p. Not only is the book difficult, but it is also confusing.

⚠ neither, nor, not only가 절의 처음에 오지만 다음에 '주어+동사'를 포함한 절이 아닌 '명사구'만 오는 경우에는 도치를 하지 않는다.

- Neither he nor she gave me any advice.
- ~~Neither did he nor she give me any advice.~~
- Not only lung disease but also cancer is influenced by smoking.
- Not only that, it was crude and unnecessary.
- ~~Not only that, was it crude and unnecessary.~~

6. 가정문 if-절의 본동사가 were인 경우 또는 조동사가 should나 had인 경우, 다음의 예시처럼 if를 생략하고 도치를 시킬 수 있다. 이러한 도치는 선택적이지 필수적으로 해야 하는 것은 아니다.

q. If I were you, I would cancel my reservation.

⇨ Were I you, I would cancel my reservation.

r. If you should see him, tell him to call me.

⇨ Should you see him, tell him to call me.

s. If he had watched the game, he would have really enjoyed it.

⇨ Had he watched the game, he would have really enjoyed it.

59 구동사, Part 1

a. The boy turned off the TV.
b. Before you go to bed, you have to clean up the mess.
c. The war broke out in July, 1950.

위 문장에서 밑줄 친 표현들을 구동사(phrasal verb)라 부른다. 구동사란 동사와 부사의 역할을 하는 단어가 하나의 묶음으로 쓰이며, 동사의 원래 의미 대신에 때로는 새로운 의미를 지니는 경우이다. 구성과 의미 변화를 살펴보자.

1. 동사 다음에 부사 표현이 따른다.

위 문장에서 사용된 off, out, up이 부사 표현이다. 그런데 부사라 부르지 않고 부사 표현이라고 부르는 이유는, 이들이 모두 원래는 부사 또는 전치사로 사용할 수 있는 단어들인데, 위 동사와 어울려 사용할 때는 주로 부사의 기능을 수행하지만 가끔 전치사로도 쓰이기 때문이다. 부사와 전치사의 차이점은 부사는 목적어를 필요로 하지 않지만, 전치사는 그 다음에 목적어를 필요로 한다.

d. I have to stay up late tonight.
e. The medication began to wear off.

위 두 문장에서 up과 off는 다음에 목적어가 따르지 않는 부사로서 사용되고 있다. 한편 같은 단어들이 다음 문장에서는 목적어가 따르는 전치사로 쓰이고 있다.

f. Turn up the volume, please.
g. You'd better take off your shoes.

2. 구동사의 부사 표현이 때론 동사의 평소 의미 대신에 다른 의미를 지니게 한다.

위 a 문장의 turn 그리고 b 문장의 clean의 경우 off, up 부사 표현을 사용할 때 동사의 원래 의미를 그대로 지닌다. 반면에 c 문장의 broke는 out가 붙음으로 인해 '깨뜨리다' 대신에 '발발하다'라는 새로운 의미를 지닌다. e 문장의 wear 역시 '입다' 대신에 '약해지다/줄어들다'라는 의미를 새로 지닌다. 이러한 새로운 의미는 문맥에서 바로 유추할 수 없는 경우가 대부분이므로 사전을 참고해야 한다.

60 구동사, Part 2

3. 구동사의 부사적 표현이 전치사 역할을 할 때 문장 구조에 유의해야 한다.

h. He took off his tie.

i. He took his tie off.

j. He took it off.

k. ~~He took off it.~~

h~i 문장에서 보듯이 전치사의 목적어가 일반 명사일 때는 off 다음에 위치할 수도 있고, 동사와 off 사이에 위치 할 수도 있다. 하지만, 목적어가 대명사일 때는 둘 사이에만 가능하고 전치사 다음에 목적어를 사용할 수는 없다. 예를 더 보면,

l. I decided to clean up the mess.

m. I decided to clean the mess up.

n. I decided to clean it up.

o. ~~I decided to clean up it.~~

Important

위의 원칙 #3은 부사적 표현 다음에 바로 명사구가 이어질 때에만 적용한다. 다음 문장을 살펴보자.

The alarm [went (off)] <at the same time>.

[ ] = 구동사

( ) = 부사적 표현으로 부사 역할

< > = 시간을 나타내는 부사구

이 문장에서 off는 부사 역할을 하고 있으며, 이후에 바로 명사구가 따르지 않는다. 대신에 at으로 시작하는 부사구가 따른다. 따라서 위의 원칙 #3을 적용시킬 수 없다: ~~The alarm went at the same time off~~.

다음 예도 동일하다.

- The thief ran away with the money.
- ~~The thief ran with the money away~~.

61 전치사 동사

구동사에서 동사 다음에 쓰이는 부사어가 부사 또는 전치사의 역할을 할 수 있음을 앞장에서 다루었는데, 한편 어떤 동사들은 대체적으로 '동사+전치사+목적어(명사 또는 동명사)'의 구조로 쓰이는데 이들을 '전치사 동사'라 부른다.

approve of, belong to, break into, come across, consist of, deal with, depend on, do without, get off, get on, hint at, insist on, listen to, look after, pay for, lead to, refer to, relate to, sympathize with

a. I don't approve of his manner.
b. ~~I don't approve his manner of~~. ➜ 전치사와 목적어 분리 불가
c. The band consisted of musicians from Denmark and Norway.
d. They hate what he does but their success depends on him.
e. Many people listen to the radio while driving.
f. ~~Many people listen the radio while driving~~. ➜ 전치사 생략 불가
g. She referred to the book several times during her speech.
h. ~~She referred the book several times during her speech~~.
i. Their discussion was related to forming a company.
j. ~~Their discussion was related to form a company~~. ➜ 'to+부정사' 불가

Important

'구동사'와 '전치사 동사'간의 가장 중요한 차이점은 두 가지이다. 첫째, 구동사의 경우에는 부사 표현으로 인해 동사가 새로운 의미를 지니기도 하지만, 전치사 동사는 전치사가 쓰여도 동사의 원래 의미를 그대로 간직 한다(예 listen to, refer to에서 동사 의미 변화 없음). 둘째, 목적어가 대명사일 때 사용할 수 있는 구조이다.

구동사	전치사 동사
목적어가 대명사일 때, 구동사안에 위치시킬 수 있지만 끝에는 안 됨.	목적어가 대명사일 때, 전치사 다음에만 가능함.
• I decided to clean it up. • ~~I decided to clean up it~~.	• I looked after him for a day. • ~~I looked him after for a day~~.

TEST YOURSELF

1. 우리말을 영어로 잘못 옮긴 것을 고르시오. (2013 지방직 7급) 참고 #1, 2, 3

① 이 문장은 여러 가지 뜻으로 해석될 수 있다.
→ This sentence may be read several ways.

② 이 책은 재미있게 읽을 수 있다.
→ This books reads interesting.

③ 온도계는 영하 5도였다.
→ The thermometer was read five degrees below zero.

④ 그 연극은 상연된 것보다 책으로 읽는 편이 낫다.
→ The play reads better than it acts.

2. 다음 중 어법상 옳은 것은? (2013 지방직 7급) 참고 #1, 2, 3

① The sound of her footsteps receded into the distance.

② The police squad began to approach on the building.

③ A cup of coffee isn't enough to sustain for you till lunchtime.

④ Her advice nerved for him to go his own way.

3. 다음 문장 중 어법상 맞는 것은? (2017 국회 9급) 참고 #1, 2, 3

① I like that you will await for me.

② You'd better attend to your study.

③ She resembles to her mother very closely.

④ He explained me the meaning of the sentence.

⑤ If you are free now, I want to discuss about it with you.

4. 다음 중 어법상 틀린 것은? (2012 국회 9급) 참고 #1, 2

① We really have to discuss this problem.

② You are the only one I can rely on.

③ She closely resembles her mother.

④ You must obey to your senior officers.

⑤ The minister will address the public tonight.

5. 우리말을 영어로 잘못 옮긴 것은? (2012 지방직 7급) 참고 #1, 3

① 밭에서 재배한 농산물은 시장에 출하되었다.
→ Produce from the fields was taken to market.

② 연어는 비록 바닷물에서 살아가지만 민물에서 알을 낳고 죽는다.

→ Salmons lie their eggs and die in freshwater although they live in salt water.

③ 제비들은 둥지를 만들기 위하여 자신들의 부리를 바늘처럼 사용한다.

→ To build their nests, swallows use their bills as needles.

④ 만년필은 약 백 년 전에 처음으로 상업적으로 활용 가능하게 되었다.

→ Fountain pens first became commercially available about a hundred years ago.

6. 밑줄 친 부분 중 어법상 옳지 않은 것은? (2012 국가직 9급) 참고 #2, 3

> A man who ①shoplifted from the Woolworth's store in Shanton in 1952 recently sent the shop an anonymous letter of apology. In it, he said, "I ②have been guilt-ridden all these days." The item he ③stole was a two dollar toy. He enclosed a money order ④paid back the two dollars with interest.

7. 다음 중 어법상 옳은 것은? (2015 국가직 7급) 참고 #2, 3, 22

① Sharks have been looked more or less the same for hundreds of millions of years.

② "They have evolved through time to improve upon the basic model,"says John Maisey, a paleontologist who helped identify the fossil.

③ The skeleton supporting this ancient shark's gills is completely different from those of a modern shark's.

④ Previously, many scientists had been believed that shark gills were an ancient system that predated modern fish.

8. 우리말을 영어로 옳게 옮긴 것은? (2017 지방직 9급) 참고 #2, 9

① 내가 열쇠를 잃어버리지 않았더라면 모든 것이 괜찮았을 텐데.

→ Everything would have been OK if I haven't lost my keys.

② 그 영화가 너무 지루해서 나는 삼십 분 후에 잠이 들었어.

→ The movie was so bored that I fell asleep after half an hour.

③ 내가 산책에 같이 갈 수 있는지 네게 알려줄게.

→ I will let you know if I can accompany with you on your walk.

④ 내 컴퓨터가 작동을 멈췄을 때, 나는 그것을 고치기 위해 컴퓨터 가게로 가져갔어.

→ When my computer stopped working, I took it to the computer store to get it fixed.

9. 밑줄 친 부분 중 어법상 옳은 것은? (2014 국가직 9급) 참고 #2, 23

Compared to newspapers, magazines are not necessarily up-to-the- minute, since they do not appear every day, but weekly, monthly, or even less frequently. Even externally they are different from newspapers, mainly because magazines ①resemble like a book. The paper is thicker, photos are more colorful, and most of the articles are relatively long. The reader experiences much more background information and greater detail. There are also weekly news magazines, ②which reports on a number of topics, but most of the magazines are specialized to attract various consumers. For example, there are ③women's magazines cover fashion, cosmetics, and recipes as well as youth magazines about celebrities. Other magazines are directed toward, for example, computer users, sports fans, ④those interested in the arts, and many other small groups.

10. 다음 밑줄 친 부분 중 문법상 옳지 않은 것은? (2015 국회 9급) 참고 #3

Problems can ①be appeared unsolvable. We are social animals who need to ②discuss our problems with others. When we are alone, problems become more ③serious. By sharing, we can get opinions and find solutions. An experiment was conducted with a group of women who had low satisfaction in life. Some of the women were introduced to others ④who were in similar situations, and some of the women were left on their own ⑤to deal with their concerns. Those who interacted with others reduced their concerns by 55 percent over time, but those who were left on their own showed no improvement.

11. 밑줄 친 부분 중 어법상 옳지 않은 것은? (2015 국가직 7급) 참고 #3

As Gandhi stepped ①aboard a train one day, one of his shoes slipped off and landed on the track. He was unable to retrieve it as the train was moving. To the amazement of his companions, Gandhi calmly took off his other shoe and threw it back along the track ②to land close to the first. Asked by a fellow passenger ③why he did so, Gandhi smiled. "The poor man who finds the shoes ④lied on the track," he replied, "will now have a pair he can use."

12. 다음 중 어법상 옳지 않은 것은? (2015 지방교육행정직) 참고 #3, 22

① I saw one of the most impressive government policies in years.

② If I were you, I'd apply for the position just for the experience.

③ That wonderful thought was suddenly occurred after I came to Jeju.

④ I urged in my previous letter that they be treated as his colleagues.

13. 우리말을 영어로 가장 잘 옮긴 것은? (2015 국가직 7급) 참고 #3, 22

① 이 가벼운 골프 카트는 접어서 내 차량 트렁크에 넣을 수 있다.
→ This lightweight golf cart will fold and fit in the trunk of my car.

② 아놀드는 새로운 사업 아이디어들을 가지고 있는 소수의 젊은이들 중 하나이다.
→ Arnold is one of handful youngsters with ideas for a new business.

③ 교육문제는 사회구성원들의 합의에 바탕을 두어 해결되어야 한다.
→ Educational problems should solve upon the agreement of the society members.

④ 그 강의 시리즈는 재무 문제를 다루는 데 익숙하지 않은 사람들을 대상으로 한다.
→ The lecture series are intended for those who are not used to deal with financial issues.

14. 우리말을 영어로 잘못 옮긴 것은? (2015 국가직 9급) 참고 #3, 22

① 가능한 모든 일자리를 알아보았음에도 불구하고, 그는 적당한 일자리를 찾지 못했다.
→ Despite searching for every job opening possible, he could not find a suitable job.

② 당신이 누군가를 믿을 수 있는지 알아보는 최선책은 그 사람을 믿는 것이다.
→ The best way to find out if you can trust somebody is to trust that person.

③ 미각의 민감성은 개인의 음식 섭취와 체중에 크게 영향을 미친다.
→ Taste sensitivity is largely influenced by food intake and body weight of individuals.

④ 부모는 그들의 자녀가 성장하고 학습하는 데 알맞은 환경을 제공할 책임이 있다.
→ Parents are responsible for providing the right environment for their children to grow and learn in.

15. 다음 빈칸에 들어갈 말로 가장 적절한 것은? (2013 경찰공무원) 참고 #4

Because Oriental ideas of woman's subordination to man prevailed in those days, she (   ) meet with men on an equal basis.

① did dare not ② dared not

③ dared not to ④ did dare not to

16. 우리말을 영어로 잘못 옮긴 것은? (2016 지방직 9급) 참고 #4

① 오늘 밤 나는 영화 보러 가기보다는 집에서 쉬고 싶다.
→ I'd rather relax at home than going to the movies tonight.

② 경찰은 집안 문제에 대해서는 개입하기를 무척 꺼린다.
→ The police are very unwilling to interfere in family problems.

③ 네가 통제하지 못하는 과거의 일을 걱정해봐야 소용없다.
→ It's no use worrying about past events over which you have no control.

④ 내가 자주 열쇠를 엉뚱한 곳에 두어서 내 비서가 나를 위해 여분의 열쇠를 갖고 다닌다.
→ I misplace my keys so often that my secretary carries spare ones for me.

17. 빈 칸에 들어갈 말로 올바른 것은? (2017 국회 8급) 참고 #4

A prototype is an early sample, model, or release of a product built to test a concept or process or _________ as a thing to be replicated or learned from. It is a term used in a variety of contexts, including semantics, design, electronics, and software programming. A prototype is designed to test and try a new design to enhance precision by system analysts and users.

① acted

② to act

③ have acted

④ having acted

⑤ to have acted

18. 밑줄 친 부분 중 어법상 옳지 않은 것을 고르시오. (2013 국가직 7급) 참고 #4, 23

A final way to organize an essay is to ①proceeding from relatively simple concepts to more complex ones. By starting with generally ②accepted evidence, you establish rapport with your readers and assure them that the essay is ③firmly grounded in shared experience. In contrast, if you open with difficult material, you risk ④confusing your audience.

19. 밑줄 친 부분 중 어법상 옳지 않은 것은? (2015 서울시 9급) 참고 #6

Most European countries failed ①to welcome Jewish refugees ②after the war, which caused ③many Jewish people ④immigrate elsewhere.

20. 밑줄 친 부분 중 어법상 옳은 것은? (2016 국가직 9급) 참고 #6

①As the old saying go, you are what you eat. The foods you eat ②obvious affect your body's performance. They may also influence how your brain handles tasks. If your brain handles them well, you think more clearly, and you are more emotionally stable. The right food can ③help you being concentrated, keep you motivated, sharpen your memory, speed your reaction time, reduce stress, and perhaps even ④prevent your brain from aging.

21. 어법상 옳은 것은? (2017 지방직 7급) 참고 #6

① She was noticeably upset by how indignant he responded to her final question.

② Obviously, this state of affairs is known to the ambassadors, who reacts unfavorably to it.

③ I walked on as briskly as the heat would let me until I reached the road which led to the village.

④ Although there are some similarities in the platforms of both candidates, the differences among them are wide.

22. 우리말을 영어로 잘못 옮긴 것은? (2017 지방직 7급) 참고 #6

① 높은 굽이 항상 여성에게 국한된 패션 품목은 아니었다.

→ High heels were not always a fashion item limited to women.

② 프랑스 신발 디자이너인 하디는 신발이 거대한 심리적 효과를 지닌다고 말한다.

→ Hardy, a French shoe designer, says that shoes have a huge psychological impact.

③ 남성들은 왜 여성들이 이상하게 생긴, 높은 신발에 그들의 안락함을 희생하는지 의아해 할 수도 있다.

→ Men may wonder why women sacrifice their comfort over oddly-shaped, elevated shoes.

④ 높은 굽을 신는 가장 중요한 목적은 여성으로 하여금 더 크고, 날씬하고, 섹시하게 느끼도록 하는 것이다.

→ The most important point of wearing high heels is to make a woman to feel taller, slimmer and sexier.

23. 우리말을 영어로 잘못 옮긴 것은? (2012 국가직 9급) 참고 #6, 7

① 어제 눈이 많이 와서 많은 사람들이 길에서 미끄러졌다.

→ We had much snow yesterday, which caused lots of people slip on the road.

② 그 협정들은 작년 회의에서 합의된 것이다.

→ The arrangements were agreed on at the meeting last year.

③ 나는 트럭이 가까이 다가오는 것을 보고 겁에 질렸다.

→ I got scared when I saw the truck closing up on me.

④ 나는 뒤돌아보지 않고 앞문으로 걸어 나갔다.

→ I walked out of the front door without looking back.

24. 밑줄 친 부분 중 어법상 옳지 않은 것은? (2018 국가직 9급) 참고 #6, 23

Focus means ①getting stuff done. A lot of people have great ideas but don't act on them. For me, the definition of an entrepreneur, for instance, is someone who can combine innovation and ingenuity with the ability to execute that new idea. Some people think that the central dichotomy in life is whether you're positive or negative about the issues ②that interest or concern you. There's a lot of attention ③paying to this question of whether it's better to have an optimistic or pessimistic lens. I think the better question to ask is whether you are going to do something about it or just ④let life pass you by.

25. 밑줄 친 부분 중 어법상 옳은 것은? (2017 지방직 9급) 참고 #6, 39

> Last week I was sick with the flu. When my father ①heard me sneezing and coughing, he opened my bedroom door to ask me ②that I needed anything. I was really happy to see his kind and caring face, but there wasn't ③anything he could do it to ④make the flu to go away.

26. 어법상 옳은 것은? (2014 지방직 7급) 참고 #8

① Humans share food, while monkeys fend for themselves.
② A sweat lodge is a tent which Sioux Indians take a ritual sweat bath.
③ If international trade doesn't exist, many products wouldn't be available on the market.
④ Corporations manufacturing computers with toxic materials should arrange for its disposal.

27. 다음 중 어법상 옳은 것은? (2015 지방직 9급) 참고 #8, 9

① She supposed to phone me last night, but she didn't.
② I have been knowing Jose until I was seven.
③ You'd better to go now or you'll be late.
④ Sarah would be offended if I didn't go to her party.

28. 우리말을 영어로 잘못 옮긴 것은? (2012 지방직 9급) 참고 #8, 9

① 그는 마치 자신이 미국 사람인 것처럼 유창하게 영어로 말한다.
→ He speaks English fluently as if he were an American.

② 우리 실패하면 어떻게 하지?
→ What if we should fail?

③ 만일 내일 비가 온다면, 나는 그냥 집에 있겠다.
→ It it rains tomorrow, I'll just stay at home.

④ 뉴턴이 없었다면 중력 법칙은 발견되지 않았을 것이다.
→ If it was not for Newton, the law of gravity would not be discovered.

29. 우리말을 영어로 잘못 옮긴 것은? (2017 국가직 9급) 참고 #9

① 이 편지를 받는 대로 곧 본사로 와 주십시오.
→ Please come to the headquarters as soon as you receive this letter.

② 나는 소년 시절에 독서하는 버릇을 길러 놓았어야만 했다.
→ I ought to have formed a habit of reading in my boyhood.

③ 그는 10년 동안 외국에 있었기 때문에 영어를 매우 유창하게 말할 수 있다.
→ Having been abroad for ten years, he can speak English very fluently.

④ 내가 그때 그 계획을 포기했었다면 이렇게 훌륭한 성과를 얻지 못했을 것이다.
→ Had I given up the project at that time, I should have achieved such a splendid result.

30. 다음 문장 중 어법상 옳은 것은? (2012 하반기 지방직 9급) 참고 #9

① If I had followed your advice, I would be very healthy now.
② I felt such nervous that I couldn't concentrate on my work.
③ John became great by allowing himself learn from mistakes.
④ Tom moved to Chicago, which he worked for Louis Sullivan.

31. 밑줄 친 부분 중 어법상 옳지 않은 것은? (2010 지방직 9급) 참고 #9

> Many studies ①have shown the life-saving value of safety belts. When accidents ②occur, most serious injuries and deaths are ③caused by people being thrown from their seat belts. About 40 percent of those killed in bygone accidents ④would be saved if wearing safety belts.

32. 다음 중 어법상 옳지 않은 것은? (2016 국가직 7급) 참고 #9

① Hardly had the new recruits started training when they were sent into battle.
② Disagreements over the treaty arose among the indigenous peoples of Africa.
③ If I had enough money, I would have bought a fancy yacht.
④ Do you want me to come with you, or do you want to go alone?

33. 우리말을 영어로 가장 잘 옮긴 것은? (2017 지방직 7급) 참고 #11

의사들은 하루 음주량이 소주 다섯 잔을 초과하지 않도록 하고, 과한 음주 후에는 2~3일 동안 알코올성 음료를 자제 하라고 권고한다.

① Doctors recommend that we do not drink as much as 5 shots of soju a day and stay away from alcoholic beverages for 2~3 days after excessive drinking.
② Doctors recommend no more than 5 shots of soju a day and keep away from any kind of alcoholic beverages for 2~3 days after heavy drinking.
③ Doctors recommend drinking no more than 5 shots of soju every day and making sure that we refrain from excessive drinking for 2~3 days after a party.
④ Doctors recommend that we not drink more than 5 shots of soju a day, and that we refrain from alcoholic beverages for 2~3 days after heavy drinking.

34. 어법상 옳은 것은? (2016 국가직 9급) 참고 #11

① Jessica is a much careless person who makes little effort to improve her knowledge.
② But he will come or not is not certain.
③ The police demanded that she not leave the country for the time being.
④ The more a hotel is expensiver, the better its service is.

35. 다음 중 우리말을 영어로 잘못 옮긴 것은? (2010 지방직 9급) 참고 #13

① 이 가방은 가짜다. 비쌀 리가 없다.
→ This handbag is fake. It can't be expensive.
② 한국에서는 대통령 선거가 5년에 한 번씩 치러진다.
→ In Korea, a presidential election held every five years.
③ 이 표면은 쉽게 닦인다.
→ This surface cleans easily.
④ 내일까지 논문을 제출하는 것은 불가능하다고 생각한다.
→ I think it is impossible to hand in the paper by tomorrow.

36. 우리말을 영어로 잘못 옮긴 것은? (2011 지방직 9급) 참고 #15

① 비가 그치면 나는 외출할 것이다.
→ I will go out if the rain stops.

② 네가 집에 오면 나는 그것을 이미 끝냈을 것이다.
→ I will be finished it if you come home.

③ 내가 기다린 지 한 시간 만에 그가 나타났다.
→ I had waited for an hour before he appeared.

④ 그는 3년 후에 대학을 졸업할 것이다.
→ He will graduate from college in three years.

37. 다음 우리말을 영어로 옮긴 것으로 가장 적절한 것은? (2011 지방직 9급) 참고 #15

그녀가 나한테 전화했을 때 비로소 그녀가 사무실에 없다는 것을 나는 알았다.

① I did not realize that she was in her office even when she called me.
② She called me and told me that she was not in her office.
③ I had not realized she was not in her office until she called me.
④ She did call me in order to let me know that she was not in her office.

38. 어법에 맞는 표현을 골라 가장 적절하게 나열한 것은? (2013 경찰공무원) 참고 #15

Jane Lee, owner of the Coffee L at 98 Hwarang-ro, Sungbuk-gu called police headquarters at 6:30 am, Friday, September 11, to report that her coffee shop ⓐhad broken/had been broken into during the night. Officers Kyudong Hong and Sami Kim ⓑhad arrived/arrived at the store at 6:40 am to investigate the incident. Ms. Lee was able to report immediately that an espresso machine and 850,000 won from the cash register ⓒwere missing/were missed.

① had broken — had arrived — were missed
② had broken — arrived — were missed
③ had been broken — had arrived — were missing
④ had been broken — arrived — were missing

39. 다음 문장 중 어법상 옳지 않은 것은? (2009 국가직 9급) 참고 #15, 18

① He is leaving for China next Friday.

② The weather has been nasty for half a month.

③ I have not walked a mile before it began to rain.

④ I will have read this book four times if I read it once again.

40. 밑줄 친 부분 중 어법상 가장 옳지 않은 것은? (2017 서울시 9급) 참고 #19

Strange as ①it may seem, ②the Sahara was once an expanse of grassland ③supported the kind of animal life ④associated with the African plains.

41. 어법상 옳은 것은? (2014 지방직 7급) 참고 #19, 20

① All he wanted was sat with the paper until he could calm down and relax.

② Straddling the top of the world, one foot in China and the other in Nepal, I cleared the ice from my oxygen mask.

③ It is impossible to say how first entered the idea my brain; but once conceived, it haunted me day and night.

④ She was moving away from realistic copying of objects to things she perceiving with her own eyes and mind.

42. 어법상 옳은 것은? (2014 국가직 9급) 참고 #19, 20

① While worked at a hospital, she saw her first air show.

② However weary you may be, you must do the project.

③ One of the exciting games I saw were the World Cup final in 2010.

④ It was the main entrance for that she was looking.

43. 우리말을 영어로 잘못 옮긴 것은? (2015 지방직 7급) 참고 #19, 20

① 그가 혼란에 빠진 채로 회의실을 떠났다.
→ Covering with confusion, he left the conference room.

② 길을 따라 걷다가 그는 나무뿌리에 걸려 넘어졌다.
→ Walking along the road, he tripped over the root of a tree.

③ 눈을 크게 뜬 채로 그녀는 그 남자를 응시했다.
→ With her eyes wide open, she stared at the man.

④ 손을 흔들면서 그녀는 기차에 올랐다.
→ Waving goodbye, she got on the train.

44. 밑줄 친 부분 중 어법상 옳지 않은 것은? (2018 국가직 9급) 참고 #19, 22, 55

It would be difficult ①to imagine life without the beauty and richness of forests. But scientists warn we cannot take our forest for ②granted. By some estimates, deforestation ③has been resulted in the loss of as much as eighty percent of the natural forests of the world. Currently, deforestation is a global problem, ④affecting wilderness regions such as the temperate rainforests of the Pacific.

45. 우리말을 영어로 잘못 옮긴 것을 고르시오. (2017 생활안전분야 국가직 9급) 참고 #20

① 과정을 관리하면서 발전시키는 것이 나의 목표였다.
→ To control the process and making improvement was my objectives.

② 이 질병이 목숨을 앗아가는 일은 좀처럼 없다.
→ It rarely happens that this disease proves fatal.

③ 저쪽에 있는 사람이 누구인지 알겠니?
→ Can you tell who that is over there?

④ 식사가 준비됐을 때, 우리는 식당으로 이동했다.
→ The dinner being ready, we moved to the dining hall.

46. 밑줄 친 부분 중 어법상 옳지 않은 것은? (2011 사회복지 지방직 9급) 참고 #20

The week before I was scheduled to fly home from St. Louis, there ①were periods of bad weather—severe storms and tornadoes. I thought there was a good chance my flight to New York would be canceled. But that morning the weather was flyable and we took off as scheduled. The plane was full, every seat ②to take. We had not been aloft for long—the seat belt sign was still on—when the plane began to shudder. I travel often and have never been afraid of ③flying. I assumed we were going through ④what is normally called turbulence, though I had never felt such lurching.

47. 우리말을 영어로 잘못 옮긴 것은? (2018 지방직 9급) 참고 #20

① 모든 정보는 거짓이었다.
→ All of the information was false.

② 토마스는 더 일찍 사과했어야 했다.
→ Thomas should have apologized earlier.

③ 우리가 도착했을 때 영화는 이미 시작했었다.
→ The movie had already started when we arrived.

④ 바깥 날씨가 추웠기 때문에 나는 차를 마시려 물을 끓였다.
→ Being cold outside, I boiled some water to have tea.

48. 밑줄 친 부분 중 어법상 옳은 것은? (2015 국가직 7급) 참고 #20, 23

Russian military vehicles crossed the border into Ukraine on Thursday, ①prompted a skirmish between Ukrainian and Russian forces, acting Ukrainian Interior Minister Arsen Avakov said. According to Avakov, tanks crossed the border at a checkpoint ②controlled by pro-Russian separatists in the Luhansk region of eastern Ukraine. Armored vehicles and artillery were part of the columns, Avakov said, ③cited Ukrainian intelligence. The incident ④was occurred in the midst of Ukrainian leaders' campaign of violence against people living in the largely pro-Russian east.

49. 밑줄 친 부분 중 어법상 옳지 않은 것은? (2016 국가직 7급) 참고 #20, 56

Much of the debate over police drones in the United States ①has been over privacy. However, a new concern has come to light: the threat of hackers. Last year, security researcher Nils Rodday claimed he could take over a drone that ②cost between $30,000 and $35,000 ③used just a laptop and forty dollars' ④worth of special equipment.

50. 다음 중 우리말을 영어로 잘못 옮긴 것은? (2012 하반기 지방직 9급) 참고 #22

① 매일 아침 공복에 한 순갈씩 먹어라.
→ Take a spoonful on an empty stomach every morning.

② 그 그룹은 10명으로 구성되었다.
→ The group was consisted of ten people.

③ 그는 수업에 3일 연속 지각했다.
→ He has been late for the class three days in a row.

④ 그는 어렸을 때 부모님의 말씀을 늘 따랐다.

→ He obeyed his parents all the time when he was young.

51. 우리말을 영어로 잘못 옮긴 것은? (2014 지방직 7급) 참고 #22

① 이 법률은 6월 1일부터 시행된다.

→ This law shall be come into force on the 1st of June.

② 나는 그의 재능을 너무 중요하게 생각하였다.

→ I thought too much of his talent.

③ 그들 모두는 그를 그들의 지도자로서 우러러 보았다.

→ They all looked up to him as their leader.

④ 나는 지난 학기의 시험 결과를 만회하기 위해서 더 열심히 공부해야 한다.

→ I must work harder to make up for the results of my last term examination.

52. 밑줄 친 부분 중 어법상 옳지 않은 것은? (2016 국가직 7급) 참고 #22

The corals are the foundation of an ecosystem ①increasingly damaging by fishing nets, but scientists know ②very little about the ③slow-growing life-forms because they are somewhat difficult ④to reach.

53. 어법상 옳지 않은 것은? (2014 방재안전직 9급) 참고 #22

① John tried hard to pass the exam.

② Bill was so stubborn that no one could persuade him.

③ My sister had been living there for ten years before she got married.

④ Romeo and Juliet is one of my favorite plays, but I've never seen it performing.

54. 밑줄 친 부분 중 어법상 옳지 않은 것은? (2014 국가직 7급) 참고 #22

The Netherlands now ①becomes the only country in the world to allow the mercy killing of patients, though there are some strict conditions. ②Those who want medical assistance to die ③must be undergone unbearable suffering. Doctor and patient must also agree there is no hope of remission. And ④a second physician must be consulted.

55. 우리말을 영어로 잘못 옮긴 것은? (2014 국가직 7급) 참고 #22

① 21세기 말까지 과학이 얼마나 발전할지 알 수 없다.
→ There is no knowing how far science may progress by the end of the twenty first century.

② 하등 동물은 그 조건 하에서 생존하기 위해 신체적 구조를 바꾸지 않을 수 없다.
→ The lower animals must have their bodily structure modified in order to be survived under the conditions.

③ 지갑에 돈이 없었기 때문에 그는 10 킬로미터 이상을 걸어가지 않을 수 없었다.
→ Having no money in his wallet, he had no choice but to walk more than ten kilometers.

④ 그녀는 약간 모호하게나마 빠른 시간 안에 부채를 상환할 것이라는 취지의 말을 하였다.
→ She was a little vague but said something to the effect that she would repay the loan very soon.

56. 밑줄 친 부분 중 어법상 옳지 않은 것은? (2014 국가직 7급) 참고 #22

A Civil Service career is your chance ①to begin a journey ②where the things that you accomplish on a daily basis can make a difference in the world. From improving trade opportunities for U.S. businesses, to monitoring human rights issues, ③to providing management supervision, you can use your skills in a Civil Service career to directly impact foreign policy issues or uphold the business practices and processes ④involving in supporting the U.S. Department of State's diplomatic efforts.

57. 밑줄 친 부분 중 어법상 옳지 않은 것은? (2017 지방직 7급) 참고 #22

In countries where religion ①has been closely identified with ②a people's culture, as in Hinduism and Islam, religious education has been essential ③to be maintained the society and ④its traditions.

58. 밑줄 친 부분 중 어법상 옳지 않은 것은? (2016 지방직 7급) 참고 #22

Each person defines his or her own space—the surrounding area ①reserved for the individual. Acute discomfort can occur when another person stands or sits within the space ②identifying as inviolate. Middle Easterners prefer to be no more than 2 feet from ③whomever they are communicating with so that they can observe their eyes. Latinos enjoy personal closeness with friends and acquaintances. African Americans are likely to be offended if a person moves back or ④tries to increase the distance between them. Intercultural communication is most successful when spatial preferences are flexible.

59. 밑줄 친 부분 중 어법상 옳지 않은 것을 고르시오. (2010 국가직 7급) 참고 #23

Your memory is a brilliant but unreliable computer storing a vast amount of information. In fact, the memory's capacity ①is theoretically unlimited. The brain can record more than 86 billion bits of information every day, and our memories ②can probably hold 100 trillion bits in a lifetime. Nevertheless, only about 20 percent of our daily experience ③is registered, and of that only a tiny proportion ④loads into long-term memory.

60. 밑줄 친 부분 중 어법상 옳지 않은 것은? (2014 국가직 7급) 참고 #23

①Unable to do anything or go anywhere while my car ②was repairing at my mechanic's garage, I suddenly ③came to the realization that I had become ④overly dependent on machines and gadgets.

61. 밑줄 친 부분 중 어법상 가장 옳지 않은 것은? (2017 서울시 7급) 참고 #23

Plastics ①are artificial, or human-made materials ②that consist of polymers—long molecules ③made of smaller molecules joined in chains. Not all polymers are artificial—wood and cotton are types of a natural polymer called cellulose, but they are not considered plastics because they cannot ④melt and mold.

62. 밑줄 친 부분 중 어법상 가장 옳지 않은 것은? (2017 서울시 9급) 참고 #23

The first coffeehouse in western Europe ①opened not in ②a center of trade or commerce but in the university city of Oxford, ③in which a Lebanese man ④naming Jacob set up shop in 1650.

63. 밑줄 친 부분 중 어법상 가장 옳지 않은 것은? (2018 서울시 9급) 참고 #23

I ①convinced that making pumpkin cake ②from scratch would be ③even easier than ④making cake from a box.

64. 밑줄 친 부분 중 어법상 옳지 않은 것은? (2011 국가직 9급) 참고 #23, 24

The Aztecs believed that chocolate ①made people intelligent. Today, we do not believe this. But chocolate has a special chemical ②calling phenylethylamine. This is the same chemical ③the body makes when a person is in love. Which do you prefer —④eating chocolate or being in love?

65. 어법상 옳은 것은? (2017 지방직 9급) 참고 #25

① The oceans contain many forms of life that has not yet been discovered.

② The rings of Saturn are so distant to be seen from Earth without a telescope.

③ The Aswan High Dam has been protected Egypt from the famines of its neighboring countries.

④ Included in this series is "The Enchanted Horse," among other famous children's stories.

66. 우리말을 영어로 잘못 옮긴 것을 고르시오. (2017 생활안전분야 국가직 9급) 참고 #26

① 그 클럽은 입소문을 통해서 인기를 얻었다.
→ The club became popular by word of mouth.

② 무서운 영화를 좋아한다면 이것은 꼭 봐야 할 영화이다.
→ If you like scary movies, this is a must-see movie.

③ 뒤쪽은 너무 멀어요. 중간에 앉는 걸로 타협합시다.

→ The back is too far away. Let's promise and sit in the middle.

④ 제 예산이 빠듯합니다. 제가 쓸 수 있는 돈은 15달러뿐입니다.

→ I am on a tight budget. I only have fifteen dollars to spend.

67. 우리말을 영어로 잘못 옮긴 것은? (2012 국가직 7급) 참고 #28

① 예의상 나는 그녀의 제안을 거절할 수 없었다.

→ For courtesy's sake I couldn't but refuse her offer.

② 몸무게 증가가 이 치료법의 또 다른 부작용이다.

→ Weight gain is another side effect of this treatment.

③ 그 책이 있었다면, 너에게 빌려줄 수 있었을 텐데.

→ Had I had the book, I could have lent it to you.

④ 사람들은 공공장소에서의 흡연자들을 덜 용인하고 있다.

→ People are less tolerant of smokers in public places.

68. 우리말을 영어로 잘못 옮긴 것은? (2012 국가직 7급) 참고 #32

① 그렇게 하느니 차라리 하지 않는 것이 좋다.

→ You would be better not to do it at all than to do it that way.

② 그는 새로운 정책이 모든 노동자들을 위해 이행되어야 한다고 제안했다.

→ He suggested that the new policy be implemented for all workers.

③ 너의 꿈을 추구하기 위해 학위를 가져야 할 필요는 없다.

→ You don't have to have a degree to pursue your dream.

④ 전 세계에서 Bolt보다 빠른 사람은 없다.

→ No other man is faster than Bolt in the whole world.

69. 다음 빈칸에 들어갈 말로 가장 적절한 표현은? (2012 경찰공무원) 참고 #38

One basic question scientists have tried to answer is __________.

① people learn ② how do people learn

③ people learn how ④ how people learn

70. 다음 중 문법상 틀린 것을 고르면? (2014 국회 9급) 참고 #38, 40

① Which candidate do you think likes oysters on the half-shell?

② How come you are so late?

③ There is a man in the garden, isn't there?

④ Is he suppose to be here right now?

⑤ Why was work on Mount Rushmore finally discontinued?

71. 우리말을 영어로 잘못 옮긴 것은? (2011 사회복지 지방직 9급) 참고 #44, 49

① 그는 거짓말했다는 것을 인정했다.
→ He admitted being told a lie.

② 사람들은 특정 문화, 사고체계, 그리고 언어에 의해 물들어 간다.
→ People are instilled by a specific culture, thought system, and language.

③ 그녀는 아기의 울음을 멈추지 못했고, 따라서 한계에 이르렀다.
→ She couldn't stop the baby's crying, so she was at the end of her tether.

④ 수 주간 비가 내리고 있어 나는 이 날씨에 진저리가 난다.
→ Since it has been raining for weeks, I'm getting fed up with this weather.

72. 다음 중 문법상 틀린 것을 고르면? (2016 국회 8급) 참고 #46

① The sales team saw the project through to its conclusion.

② The value of the dollar is certain to go up in January.

③ She determined ignoring his faults.

④ I owe this example to Georgia Green.

⑤ On the midterm exam, he made fewer mistakes than the other students.

73. 어법상 옳지 않은 것은? (2014 지방직 7급) 참고 #46

① Although there was no indication that either side planned to resume full-scale hostilities, the killings escalated tensions.

② The Islamist movement has vowed to resume rocket fire if Israel does not fully open the border crossings.

③ Egypt has also reacted coolly to suggestions that European troops be stationed on the border between Gaza and Egypt to monitor activity in smugglers' tunnels.

④ Hamas also agreed that day temporarily stop firing rockets into Israel.

74. 우리말을 영어로 가장 잘 옮긴 것은? (2009 지방직 9급) 참고 #46, 47

여러분의 농장이 번창하고 깨끗한 물이 흐르도록 함께 일할 것을 맹세합니다.

① We pledge to work along with you for making your farms flourish and let clean water flow.
② We promise with you to work to make your farms flourish and to let clean water flow.
③ We give a pledge to work with you to make your farms flourish and clean water flows.
④ We pledge to work along with you to make your farms flourish and let clean water flow.

75. 어법상 옳은 것을 고르시오. (2017 생활안전분야 국가직 9급) 참고 #48

① Undergraduates are not allowed to using equipments in the laboratory.
② The extent of Mary's knowledge on various subjects astound me.
③ If she had been at home yesterday, I would have visited her.
④ I regret to inform you that your loan application has not approved.

76. 우리말을 영어로 잘못 옮긴 것은? (2017 지방직 9급) 참고 #50

① 나는 매달 두세 번 그에게 전화하기로 규칙을 세웠다.
→ I made it a rule to call him two or three times a month.
② 그는 나의 팔을 붙잡고 도움을 요청했다.
→ He grabbed me by the arm and asked for help.
③ 폭우로 인해 그 강은 120cm 상승했다.
→ Owing to the heavy rain, the river has risen by 120cm.
④ 나는 눈 오는 날 밖에 나가는 것보다 집에 있는 것을 더 좋아한다.
→ I prefer to staying home than to going out on a snowy day.

77. 어법상 옳은 것은? (2017 지방직 9급) 참고 #50

① A week's holiday has been promised to all the office workers.
② She destined to live a life of serving others.
③ A small town seems to be preferable than a big city for raising children.
④ Top software companies are finding increasingly challenging to stay ahead.

78. 우리말을 영어로 옮긴 것 중 가장 어색한 것을 고르시오. (2009 국가직 9급) 참고 #51

① 그는 조만간 승진할 것이란 소문이 있다.
→ The rumor says he will be promoted sooner or later.

② 음주 운전하는 것은 어리석은 것이라는 것을 알았다.
→ I found it stupid to drive under the influence.

③ 우리는 폭풍우 때문에 야구를 하지 못했다.
→ The heavy rain prevented us from playing baseball.

④ 내 기억에는 그가 나에게 그런 뻔뻔스러운 거짓말을 한 적이 없다.
→ I don't remember for him to tell such a direct lie.

79. 어법에 맞는 표현으로 가장 적절하지 않은 것은? (2017 경찰공무원) 참고 #52

㉠If you see Officer Kim ㉡before I do, ㉢say him that he ㉣has a guest.

① ㉠ ② ㉡ ③ ㉢ ④ ㉣

80. 우리말을 영어로 옮긴 것 중 가장 어색한 것은? (2015 지방직 9급) 참고 #57

① 그녀는 젊었을 때 더 열심히 일하지 않았던 것을 후회한다.
→ She regrets not having worked harder in her youth.

② 그는 경험과 지식을 둘 다 겸비한 사람이다.
→ He is a man of both experience and knowledge.

③ 분노는 정상적이고 건강한 감정이다.
→ Anger is a normal and healthy emotion.

④ 어떤 상황에서도 너는 이곳을 떠나면 안 된다.
→ Under no circumstances you should not leave here.

81. 어법상 틀린 것은? (2015 사회복지 지방직 9급) 참고 #57

① Surrounded by great people, I felt proud.
② I asked my brother to borrow me five dollars.
③ On the platform was a woman in a black dress.
④ The former Soviet Union comprised fifteen union republics.

82. 밑줄 친 부분 중 어법상 옳지 않은 것은? (2015 지방직 7급) 참고 #57

Teachers can apply many strategies ①to reduce the negative impact of anxiety on learning and performance. Clearly, creating a classroom climate that is ②accepting, comfortable, and noncompetitive helps. Giving students opportunities to improve their work before handing ③it in also helps anxious children, as ④do providing clear, unambiguous instructions.

83. 밑줄 친 부분 중 어법상 옳지 않은 것은? (2014 방재안전직 9급) 참고 #58

Not all companies seek to accomplish the same goals, ①nor do they operate with identical cultures. These differences make ②it difficult to identify an industry's competitive rules. Moreover, with greater diversity, it becomes increasingly difficult ③to be aware of the primary outcomes a competitor seeks through industry competition. Diversity among firms sometimes ④cause a company to take certain competitive actions just to see what competitors' responses will be. Doing this can improve the firm's ability to predict competitors' future actions.

84. 밑줄 친 부분 중 어법상 옳지 않은 것은? (2017 지방직 7급) 참고 #58

A graph of monthly climatological data ①shows the warmest, coolest, wettest and driest times. Also, weekends are ②highlighting on the graph to help you quickly locate the weekend weather ③should you have activities ④planned.

85. 어법상 옳은 것은? (2018 지방직 9급) 참고 #58

① Please contact to me at the email address I gave you last week.
② Were it not for water, all living creatures on earth would be extinct.
③ The laptop allows people who is away from their offices to continue to work.
④ The more they attempted to explain their mistakes, the worst their story sounded.

86. 우리말을 영어로 가장 잘 옮긴 것은? (2014 지방직 7급) 참고 #61

> 고지방 음식은 증가하는 비만율의 한 원인이다.

① The increasing obesity rate is to blame for high-fat foods.
② Due to high-fat foods, the obesity rate are increasing.
③ High-fat foods are a source of the increasing obesity rate.
④ High-fat foods result from the increasing obesity rate.

87. 밑줄 친 부분 중 의미상 옳지 않은 것은? (2017 국가직 9급) 참고 #61

① I'm going to <u>take over</u> his former position.
② I can't <u>take on</u> any more work at the moment.
③ The plane couldn't <u>take off</u> because of the heavy fog.
④ I can't go out because I have to <u>take after</u> my baby sister.

88. 어법상 옳지 않은 것은? (2017 지방직 7급) 참고 #61

① She approached me timidly from the farther end of the room, and trembling slightly, sat down beside me.
② When she felt sorrowful, she used to turn toward the window, where nothing faced her but the lonely landscape.
③ In evaluating your progress, I have taken into account your performance, your attitude, and for your improving.
④ The Main Street Bank is said to give loans of any size to reliable customers.

Answer and Explanation

1	③	read가 자동사 또는 타동사로서 다양하게 쓰일 수 있는데 '온도계가 ~를 가리키다(표시하다)'의미일 때는 타동사로 사용. 올바른 표현은 시제가 과거이므로 The thermometer read five degrees below zero. ①번에서는 타동사로 ②, ④번에서는 자동사의 의미로 쓰임.
2	①	각 문장에 사용된 동사가 자동사인지 타동사인지를 묻는 문제. ②번의 approach는 타동사이므로 on이 필요 없음. ③번의 sustain 역시 타동사로 for가 필요 없음. ④번의 nerved 또한 타동사이므로 바로 him으로 연결함. ①번의 receded만 자동사로 전치사를 취할 수 있음.
3	②	②의 'attend to'는 자동사로 '~에 정성을 들이다'뜻을 지니므로 문맥에 적합함. ①의 await는 타동사이므로 for를 생략. ③의 resemble은 타동사이므로 to를 생략. ④의 explain은 목적어를 하나만 취하는 동사이므로 explain ... to me로 수정. ⑤의 discuss는 타동사이므로 about를 생략.
4	④	obey는 타동사이므로 바로 목적어로 연결: obey to > obey
5	②	lie는 자동사로 목적어(their eggs)를 가질 수 없다. 따라서 타동사인 lay로 바꾸어야 함.
6	④	'pay back'은 사람뿐만이 아니라 check, money order, bond 등이 능동적으로 행할 수 있는 행동으로 영어에서는 여긴다. 따라서 수동태 paid back이 아니라 paying back을 사용해야 한다. a money order which paid back에서 관계 대명사를 생략하여 분사구문을 사용하면 a money order paying back이 된다. 참고로 관계대명사 다음에 수동태가 쓰일 때 관계대명사와 be동사를 생략하면 과거 분사만 남는다. 예 an egg which was laid on Wednesday > an egg laid on Wednesday
7	②	①번의 'have been looked'를 우리말로 해석하면 '보여 왔다'로 오류가 없어 보인다. 하지만 수동태 구문이므로 누군가에 의해서 그렇게 되어야 하므로 문맥상 올바른 표현이 아니다. 대신에 look의 자동사 의미인 '~인 것처럼 보인다'를 활용한 표현으로 고쳐야 한다: have looked. ③번의 skeleton은 단수 명사이다. 따라서 those of a modern shark's를 that of a modern shark's로 수정 필요. ④번의 주어인 many scientists는 능동적인 주체이므로 have been believed를 have believed로 수정 필요. 정답인 ②번 문장에서 동사인 improve가 타동사로만 쓰이는 것으로 생각하여 틀린 문장으로 선택할 수 있는데, upon과 함께 자동사로도 쓰일 수 있음에 유의해야 한다.
8	④	①번은 과거의 일에 대한 가정을 하는 가정법 과거완료 문장으로 'if +주어+had+동사의 과거 분사'를 사용해야 한다. 따라서 if I hadn't lost로 수정. ②번에서 사물이나 사건이 '지루한'경우에는 bored가 아니라 boring. ③번의 accompany는 타동사이므로 with가 불필요.

9	④	①번의 resemble은 타동사이므로 like를 필요로 하지 않고 바로 목적어 사용. ②번 관계대명사 which의 선행사가 복수이므로 reports를 report로 수정. ③번 there로 시작하는 절에 본동사 are가 있으므로 cover는 which cover 또는 covering으로 수정. ④번 those interested in the arts는 those who are interested in the arts에서 who are가 생략된 표현으로 올바름.
10	①	①번의 동사 appear는 자동사로 수동형으로 사용할 수 없다: be appeared > appear
11	④	문맥상 '신발이 놓여있다'는 상황이므로 타동사가 아닌 자동사가 필요함. 첫 문장에서 slipped와 landed를 사용한 것이 ④에도 자동사가 필요함을 미리 알려주고 있다. 따라서 lied대신에 능동을 나타내는 분사구문인 lying으로 수정.
12	③	thought(사고, 생각)는 능동적으로 어떤 일을 수행할 수 있는 것으로 여기므로 수동태가 아닌 능동태를 사용해야 함: was suddenly occurred > suddenly occurred
13	①	①번 문장의 경우 우리말 간섭에 의해 틀린 문장으로 판단하기 쉽다. '접어서'와 '넣을 수 있다' 동사 모두 golf cart가 스스로 할 수 없는, 즉 수동태가 필요한 표현처럼 들린다. 하지만 fold가 자동사와 타동사로 쓰일 수 있는데 자동사인 경우 '접히다'로 주어진 문장에 적합하다. fit 역시 자동사와 타동사 모두로 사용할 수 있는데 자동사일 때는 '잘 맞다' 의미를 지녀 올바르게 사용된 것이다. ②번의 경우 '소수의 젊은이들 중 하나'를 'one of handful youngsters'로 옮겼는데 '소수의 젊은이들'은 'a handful of youngsters'로 그리고 그 중에 하나이므로 'one of a handful of youngsters'로 번역해야 올바르다. 여기서 중요한 점은 handful은 형용사가 아니라 명사라는 점이다. 유사한 표현인 spoonful 역시 마찬가지다: a spoonful of sugar. ③번의 경우 수동태가 필요한 문장이다. 교육문제가 스스로 자신을 해결할 수 없으므로 'should be solved'로 수정 필요. ④번의 '~에 익숙하다'표현은 'be동사+used to+V-ing'구문을 사용해야 하므로 'are not used to dealing with'로 수정 필요.
14	③	③번 '미각의 민감성은 ... 미친다' 문장에서 주어가 능동적인 역할을 하고 있으므로 수동태 대신에 능동태를 사용해야 함: Taste sensitivity largely influences ... ①번의 search는 자동사 또는 타동사로 사용할 수 있으므로 for 사용은 맞음. ④번의 'to grow and learn in'은 'to grow and learn in the right environment' 구문을 줄여서 표현한 것으로 반복되는 목적어를(the right environment) 생략한 결과임.
15	②	dare는 조동사 또는 일반 동사로 사용할 수 있다. 조동사로 사용할 경우 다음에는 동사 원형을 사용하며, 부정문 경우는 다른 조동사들과 마찬가지로(예 would not see) 'dare+not+동사 원형'의 형식을 취한다. dare를 일반동사로 부정문에서 사용할 때는 다른 일반동사와 마찬가지로 do의 도움을 받아 'don't dare+to+동사 원형'형식을 취한다. 정답은 조동사 dare의 과거형인 'dared+동사 원형'인 ②번.

16	①	①번 would rather 다음에는 동사 원형을 사용하는데 than이하의 구문에서도 이 원칙은 적용된다. 따라서 I'd rather relax at home than go to the movies tonight가 올바른 표현.
17	②	문맥상 'built to A 동사 or to B 동사'의 구문(A하거나 B하기 위해서 만들어진)이 필요하므로 빈칸에 적절한 동사는 선택지 중에서 'to act'이다. 또한 선택지에는 없지만 'act'를 사용할 수 있다. 접속사 and나 or를 활용하여 to-부정사 표현을 앞뒤로 사용하는 경우 두 번째는 to를 생략할 수 있기 때문이다. 이러한 규칙을 이 문제의 마지막 문장에서 찾을 수 있다: to test and try a new design
18	①	'to 부정사'다음에는 언제나 동사 원형.
19	④	cause는 사역동사이지만 make와는 달리 목적어 다음에 to+동사 원형을 사용하므로 to immigrate로 수정.
20	④	①번의 경우, 주어인 the old saying이 단수이므로 동사는 goes. ②번에서 obvious는 동사인 affect를 수식하므로 부사 obviously로 바꾸어야 함. ③번은 먼저 help+목적어+(to) 동사 원형을 사용해야하고, 목적어가 스스로 행할 수 있으므로 능동형인 concentrate가 필요하다. 따라서 help you concentrate로 수정. ④번은 'prevent A from ~ing'라는 숙어 표현으로 오류 없음.
21	③	'마을로 가는 길에 도달할 때 까지 따뜻한 열기가 내가 (걷는 것을) 가능하게 해 나는 힘차게 걸었다.'를 올바르게 옮긴 문장으로, let me 다음에 walk on이 생략된 점이 주목할 부분이다. ①번에서 indignant는 동사인 responded를 수식하므로 부사인 indignantly로 수정. ②번에서 관계대명사의 선행사가 복수이므로 react로 수정. ④번에서 두 후보자의 정강정책의 비교이기 때문에 among(셋 이상에 사용)을 between으로 수정.
22	④	사역동사 make+목적어+동사 원형이므로 make a woman feel
23	①	cause는 make나 let 등 사역동사와 비슷한 의미를 지녔지만 목적어 다음에 동사 원형을 사용하지 않고 to+동사 원형을 쓴다. 따라서 올바른 표현은 caused lots of people to slip on the road이며 caused 대신에 got을 사용할 수 있다. ③번의 부사절을 보면(when I saw the truck closing up on me) 지각동사+목적어+V-ing를 사용하고 있는데 지각동사 다음에는 동사 원형 또는 진행형인 V-ing를 사용할 수 있으며 둘 사이에 뚜렷한 의미 차이가 없다.
24	③	③번 문장은 'pay attention to'숙어와 관련이 있는데 'There is a lot of attention which is paid to this question'의 구문에서 which is가 생략된 형태이다. ①번과 ④번은 사역동사 구문인데 get이나 let 다음의 목적어가 동사의 행동을 스스로 할 수 있으면 동사원형을 사용하고, 그렇지 않으면 과거 분사를 사용하는 규칙을 따르고 있다. 유의할 점은 영어에서는 life가 스스로 pass ~ by 할 수 있다고 여기는 점이다.

25	①	①번의 지각동사 heard 다음에는 동사 원형 또는 진행형을 사용할 수 있으므로 올바른 표현임. ②번은 문맥상 '~인지 아닌지 물어보다'가 적절하므로 ask me if(또는 whether)로 수정. ③번은 관계절로서(anything that/which(생략가능) he could do) do의 목적어가 관계대명사로 대치된 경우이므로 it을 다시 반복 사용하는 오류에 해당. ④번의 사역동사 make 다음의 flu는 능동적인 주체로 여기므로 'make the flu go away'로 수정.
26	①	①번의 fend for oneself는 '스스로를 돌보다(look after oneself)'로 문맥에 적절한 표현이다. ②번에서 Indians들이 tent에서 목욕을 하므로 관계대명사 which 대신에 장소를 나타낼 수 있는 표현이 필요하다. 따라서 where 또는 in which를 사용해야 한다. ③번은 시제와 관련된 문장인데, 조건문 상황이라면 'If 주어+현재 시제, 주어+미래 시제'로 고쳐서 ... many products won't be로 수정해야 한다. 가정문 상황이라면 'If 주어+과거 시제, 주어+would+동사 원형'을 사용해야 한다. 이 경우에는 'If international trade didn't exist, many products wouldn't be ...'로 수정해야 한다. ④번의 arrange는 여러 의미 중 '준비, 계획하다'의 경우 타동사로 사용하므로 바로 목적어가 이어진다. 또한 its대신에 toxic materials를 지칭하는 their를 사용해야하므로 'arrange their disposal'로 수정 필요.
27	④	④번은 가정법 과거 구문으로 '주어+would+동사 원형, if+주어+과거동사'의 구문을 올바르게 사용함. ①번의 '~할 예정이었다'에 맞는 표현은 'was supposed to'임. ②번의 동사 know는 진행형을 사용할 수 없는 동사이므로 I have known으로 수정. ③번은 'had better+동사 원형'의 규칙을 위반.
28	④	④번은 과거의 일에 대해서 가정하고 있으므로 가정법 과거완료 시제를 사용해야 한다. 올바른 표현은 'If it had not been for Newton, the law of gravity would not have been discovered.' ①번에서 as if 이하에서는 가정법을 사용하므로 주어의 인칭과 상관없이 were를 사용함. ②번에서 가정법 미래 시제에 사용하는 should를 사용하고 있으며, What if 의문문에서는 주어+동사의 순서를 사용하는 점에 유의. ③번은 조건문의 if절에서 미래를 나타낼 때 현재시제를 사용하는 규칙을 따른 경우임.
29	④	④번 문장은 가정문으로 두 사건의 시제가 서로 다른 경우이다. '계획을 포기했었다면'은 과거의 일에 대한 가정이고 '이렇게 훌륭한 성과를 얻지 못했을 것이다'는 현재 상황에 대한 가정이다. 또한 주절은('성과를 얻지 못했을 것이다') 긍정문이 아니라 부정문이어야 한다. 따라서 If절은 가정법 과거완료형을, 주절은 가정법 과거형을 사용하여 다음과 같이 고쳐야 한다: Had I given up the project at that time, I would not achieve such a splendid result. 참고로 Had I given up은 If I had given up의 도치형으로 올바른 표현임.

30	①	통상적인 가정법 과거완료 구문의 경우 If 주어+had+과거 분사, 주어 +would+have+과거 분사의 형식을 취한다. 이런 구문을 암기하여 기계적으로 적용시킬 경우 ①번 문장을 틀린 문장으로 선택할 수 있다. 그런데 이 문장의 경우 If절의 사건과 주절의 사건이 시간차이가 있는 복합 가정문이다. If절은 과거의 상황을 가정하므로 가정법 과거완료를 사용하고, 주절은 현재의 상황(과거 사건에 대한 현재의 결과)에 대한 가정을 하고 있으므로 가정법 과거형을 사용한 올바른 문장이다. 이 문장을 직설법을 활용한 문장으로 바꾸면 다음과 같다: I didn't follow your advice, so I am not healthy now. ②번에서 such+명사구+that절이므로 형용사를 수식하기 위해서는 so로 수정. ③번에서 allow는 사역동사가 아니므로 목적어 다음에 동사 원형을 사용할 수 없다. allowing himself to learn으로 수정. ④번의 경우 Chicago를 지칭하기 위해서는 장소를 나타내는 관계부사인 where를 사용.
31	④	이 문제는 문법 문제이면서 동시에 어휘 문제라고 볼 수 있다. ④번 앞에 위치한 bygone의 의미를 모르면 정답을 찾는데 어려움을 겪을 수 있기 때문이다. bygone은 '지나간, 과거의' 뜻이므로 '구해질 텐데'의 의미를 지닌 'would be saved' 가 아니라 '과거에 구할 수 있었을 텐데'의 의미를 지닌 'would have been saved'로 수정해야 함.
32	③	③번 문장에서 if절은 현재를 그리고 주절은 과거의 상황을 가정하고 있다. 이는 시제의 모순으로 현재의 일이 과거의 일에 영향을 끼칠 수 없기 때문이다. 이와는 달리 복합가정문으로 if절은 과거를 그리고 주절은 현재의 상황을 가정하는 것은 가능하다. 과거의 일이 현재에 어떤 결과를 가져오는 것은 논리적으로 가능하기 때문에. ③번은 두 상황 모두 현재에 대한 가정이므로 올바르게 수정하면 'If I had enough money, I would buy a fancy yacht.'
33	④	recommend 다음의 that절에서는 주어+(should)+동사 원형을 사용한다. 따라서 ④번의 경우 we (should) not drink ... and that we (should) refrain ... 이므로 올바름. ①번은 recommend that we do not drink 대신에 we should not drink 또는 we not drink로 수정. ②번의 경우 recommend ... and keep away ... 구문이므로 keep away의 주어가 doctors가 된다. ③번의 경우 제시문 '하루'에 맞지 않는 'every day'를 사용하고, '과한 음주 후'와는 의미 차이가 있는 'after a party'를 사용하고 있다.
34	③	①번의 경우 much는 부정문이나 의문문에 또는 비교급을 강조할 때 주로 사용하므로 평서문에 사용하는 very로 수정. ②번은 '~일지 아닐지 불투명하다'는 내용으로 두 가지의 가능성을 나타낼 때 적합한 표현은 Whether he will come or not ... 이다. But은 이 문장의 주어인 명사절을 이끄는 접속사 역할을 할 수 없다. ④번은 'The+비교급, the+비교급'구문인데 expensive같은 세 음절의 단어는 –er을 붙여 비교급을 만드는 것이 아니라 more+형용사(부사)의 형식을 취하므로 'The more expensive a hotel is, the better the service is.'로 수정해야함.

		③번 문장이 옳은 이유는 demand, request, suggest, insist 등의 동사 다음에 오는 that 절에서는, 앞 동사의 시제에 상관없이, 'that+주어+(should)+동사 원형'을 사용하는 관행을 따르기 때문이다. 즉 demanded that she (should) not leave 구문에서 should를 생략한 결과이다. 그런데 이러한 용법은 요즘에 들어서 모국어화자들 사이에 잘 지켜지지 않으며 앞 문장의 시제와 일치시켜 사용하는 추세가 증가하고 있다. 그 결과 demanded that she didn't leave와 같은 표현을 쉽게 접할 수 있으므로 ③번과 같은 표현만이 유일하게 올바르다고 고집하는 것은 문법적으로 볼 때 위험한 생각이다.
35	②	두 가지 측면에서 오류. 주기적으로 반복되는 일은 현재 시제를 사용해야하고, 선거가 스스로 치를 수 없으므로 수동태를 사용해야함. 올바른 표현은 In Korea, a presidential election is held every five years.
36	②	미래의 두 시점(A, B) 중에서 한 시점(B)보다 먼저 발생한 사건(A)을 설명할 때는 미래완료를 사용한다. 올바른 표현은 I will have finished it if you come home. ①, ②번의 if절에서 내용상 미래 상황이지만 현재 시제를 사용한 것은, 조건문에서는 현재 시제를 사용하여 미래 사건을 나타내는 원칙에 따른 것으로 이 부분은 올바름.
37	③	①번은 '그녀가 사무실에 있다'는 문장이며 ②와 ④번은 '그녀가 전화를 해서 스스로 사무실에 없다는 것을 알렸다'는 뜻으로 주어진 문장과는 관련이 없다.
38	④	coffee shop 침입사건은 능동적으로 일어날 수 없기 때문에 수동태인 had been broken을 사용. coffee shop 침입 사건이 가장 먼저 발생하고 하룻밤이 지나고 나서 > 경찰에 신고 > 경찰 도착의 순서로 전개됨. 침입과 경찰 신고사이에는 시간차이가 많이 나므로 각각 과거완료와 과거 시제를 사용하여 그 간격을 나타냄. 그런데 경찰에 신고한 시간과 경찰이 도착한 시간은 10분 차이밖에 나지 않으며, 두 연관성 있는 일이 과거에 순차적으로 발생할고 있으므로, 두 가지 일을 설명할 때 모두 과거 시제 사용: called police headquarters ... arrived at the store. ⓒ의 경우, 동사 miss는 '사라지다'의 의미로 사용되지 않는다. 대신에 형용사인 missing이 '분실한, 행방불명된'의 의미를 지니고 있으므로 문맥에 적절.
39	③	주절의 경우 비가 내리기 이전의 상황을 설명하고 있으므로 과거완료 시제를 사용해야 한다. 올바른 표현은 I had not walked a mile. ①번의 경우, 미래에 하기로 이미 확정한 사건을 나타날 때는 현재 진행형을 사용할 수 있다는 것에 따른 표현이다. ④번의 if절에서 현재 시제를 사용한 것은 시간 부사절에서는 현재 시제를 사용하여 미래를 나타낼 수 있다는 원칙에 근거한 것이다.

40	③	③번 이하는 분사구문으로, 주어인 the Sahara가 주체적으로 동물들의 삶을 support할 수 있으므로 능동형인 supporting을 사용해야 함. ②번 the Sahara는 사막이름 앞에 정관사를 사용하는 원칙에 부합.
41	②	②번에서 Straddling(~에 가랑이를 벌리고 서다/앉다)이하는 분사구문이다. I straddled ...의 원래 구문에서 주어가 동일하므로 I를 생략하고, 동일한 시제의 동사를 –ing로 바꾼 결과이다. ①번의 경우 All he wanted라는 주어에 대한 보어는 to-부정사 또는 V–ing가 가능하다. 따라서 All he wanted was to sit/All he wanted was sitting으로 수정. ③번 문장은 how이하에 간접 의문문을 포함하고 있는데, 간접 의문문은 '의문사+주어+동사'의 순서이므로 how first the idea entered my brain으로 수정. ④번 문장의 things이하는 things를 수식하는 관계절이다, 따라서 things which(that 또는 생략 가능) she perceived with her own eyes and mind로 수정.
42	②	①번 문장을 분사구문으로 할 경우에는 While working at a hospital 또는 while을 생략하고 Working at a hospital로 수정. 일반적인 구문으로는 While she was working ...로 수정. ③번 문장은 주어가 one이므로 동사는 was가 적절. ④번의 관계절은 ... that/which she was looking for 또는 관계대명사를 생략할 수 있으므로 ... main entrance she was looking for로 할 수 있다. 단 for를 앞으로 이동할 경우에는 관계대명사 which만이 사용가능하다: ... for which she was looking.
43	①	분사구문의 동사 형태는 문장 전체의 주어에 달려있는데, 주어가 주체적으로 행할 수 있으면 V-ing를 그렇지 못하면 V-ed를 사용한다. ②, ④번의 경우 주체적으로 행하는 행동이므로 V-ing형태를 취함. ①번은 He was covered with confusion을 분사구문으로 바꾸는 문제인데, 여기서 covered는 과거 분사 형태를 지니고 있지만 동사의 역할이 아닌 (주어의 상태를 나타내는) 형용사 역할을 하고 있다. 이 경우, 주어와 be동사를 생략하고 'Covered with confusion'의 분사구문으로 전환시킴. ③번은 with+목적어+목적격 보어의 형식으로 올바름.
44	③	③번의 'result in'의 의미는 '~를 가져왔다/초래했다'인데 deforestation이 능동적으로 어떤 결과를 가져올 수 있으므로 'has resulted'가 올바른 표현임. ②번의 take ~ for granted는 '~를 당연시 여기다'뜻의 숙어임. ④번의 affecting이하는 분사구문으로 원래 표현인 'and it affects ...'에서 접속사를 먼저 생략한 후, 주어가 동일하므로 역시 생략하고, 마지막으로 본동사인 affects를 affecting으로 바꾼 결과임.
45	①	①번 문장처럼 A and B로 두 가지 사항을 연결하는 경우 두 가지 모두 같은 형태를 지녀야 한다. 즉 'to-부정사 and to-부정사' 또는 '동명사 and 동명사'의 형태. 따라서 'To control the process and to make improvement' 또는 'Controling the process and making improvement'로 수정해야 함. ④번은 분사구문으로 원래 문장은 다음과 같다: When the dinner was ready, we moved to the dining hall. 이 문장을 분사구문으로 바꾸기 위해 앞 절의 when을 생략, the dinner는 뒷 절의 주어와 다르므로 유지, 본동사 was는 '원형+ing형태'로 바꾼 결과이다.

46	②	‘The plane was full, every seat to take.’문장에서 seat는 스스로 자리를 택할 수 없으므로 능동의 개념인 ‘to take’는 틀린 표현이다. 올바른 문장은, 접속사를 활용하여 ‘The plane was full, so every seat was taken.’처럼 수동의 의미를 나타내야 한다. 이 문장을 다시 분사구문을 활용하여 ‘The plane was full, every seat being taken.’으로 전환할 수 있고, 나아가 수동태를 나타내기 위한 being은 생략할 수 있으므로 ‘The plane was full, every seat taken.’으로 바꿀 수 있다.
47	④	‘Being cold outside’는 분사구문으로 날씨에 대한 내용이다. 즉, being의 주체와 주절의 주체인 ‘I’는 동일하지 않으므로 이를 나타내야 한다. It being cold outside, ... 가 올바른 표현.
48	②	이 문제는 능동태와 수동태 중에서 어떤 것이 문맥상 올바른지, 그리고 본동사를 써야하는지 분사구문화 해야 하는지를 동시에 묻고 있다. ①의 경우 접속사가 없는 절에서 crossed와 대칭이 되는 본동사를 사용한 오류를 지니고 있다. 따라서 앞 절의 주어(Russian military vehicles)가 능동적으로 행함을 나타내는 분사구문으로 바꾸어야한다: prompting으로 수정. ②의 경우 checkpoint가 자의적으로 운영할 수 없으므로 수동태인 controlled가 올바르게 사용됨. ③은 문맥상 ‘Avakov가 Ukrainian intelligence를 인용하면서’를 나타내야 하므로 citing으로 수정해야하며 ④에서 ‘사고가 발생하다’에는 자동사를 사용해야 한다. 따라서 occurred가 올바른 표현.
49	③	③번 문장은 분사구문으로 주어인 he가 주체적으로 할 수 있는 행동이므로 ‘using’을 사용해야 한다. ②번의 cost는 현재-과거-과거 분사의 형태가 동일한 동사로 이 문장에서는 과거형으로 사용되고 있다. 따라서 주어가 단수인 a drone이지만 수의 영향을 받지 않는다.
50	②	consist of는 자동사로 ‘구성되다’ ‘이루어지다’를 의미함. 우리말이 지닌 수동적 의미를 그대로 영어 수동태로 옮기지 않도록 유의.
51	①	①번의 우리말 표현 ‘~된다’를 영어로 표현할 때 수동태를 사용해야 하는 것으로 생각하는 경우가 많다. 즉 shall be come into를 올바른 문장으로 여길 수 있다. 하지만 ‘효력이 발생하다’ ‘유효해지다’는 능동형 표현으로 자동사를 사용해야 한다. 따라서 shall come into force로 수정해야 한다.
52	①	ecosystem이 능동적으로 ‘파괴하는 것’이 아니라 ‘파괴 되는 것’이므로 수동태를 사용하여 increasingly damaged로 표현해야 한다.
53	④	연극이 스스로 perform할 수 없으므로, 수동형인 performed로 수정.
54	③	unbearable suffering을 환자 스스로 느끼므로 수동태가 아닌 능동태를 사용해야 함. 따라서 진행형인 must be undergoing 또는 단순형인 must undergo로 수정. ①번에서 The Netherlands(국가)는 비록 복수형이지만 단수 취급함. ④번의 ‘a second physician’은 주치의가 아닌 ‘어떤 제 2의 의사’를 의미하므로 문맥에 올바름.

55	②	②번에서 하등 동물이 생존하기 위해 노력하는 것은 스스로 할 수 있는 행동이므로 'in order to be survived' 대신에 'in order to survive'로 수정 필요. ③번 'have no choice but to+동사 원형'은 '~하지 않을 수 없다' 뜻의 구문. ④번 'to the effect that ~'은 '~라는 뜻으로' 의미를 지닌 구문.
56	④	the business practices and processes가 스스로 involve할 수 없으므로 능동형 involving 대신에 involved로 수정. ②번의 관계부사 where는 journey를 '떠나는 여행길'이라는 장소를 표현하는 비유적인 의미를 고려해 사용한 것이다. 관계대명사를 사용할 경우 in which로 바꿀 수 있다. ③번은 from A to B 구문으로 전치사에 이어지는 표현 형태의 일관성에 따른 것임.
57	③	'종교 교육이 사회를 유지하고 전통을 지키는데 필수적이다'의 뜻이므로 수동태가 아닌 능동태인 to maintain이 올바름. ②번에서 people은 '사람들'이 아닌 '민족'을 뜻한다. 이 뜻의 복수형은 peoples.
58	②	②번의 앞 단어 space는 어떤 일을 능동적으로 행할 수 있는 명사가 아니므로 identified로 수정해야 한다. ①번과 ②번 모두 관계대명사와 동사가 생략된 구문으로 'which is reserved' 그리고 'which is identified'의 줄임 표현이다. ③번의 whomever는 뒤에 이어지는 with의 목적어를 관계대명사로 대치한 표현이다.
59	④	우리의 일상 경험이 자기 스스로 장기 기억에 저장할 수 없으므로 수동태를 사용. is loaded가 올바른 표현.
60	②	자동차가 스스로 고칠 수 없으므로 능동형인 was repairing 대신에 수동형인 was being repaired로 바꿔야 함. 'come to the realization'은 '깨닫다'라는 숙어임. ④번은 부사인 overly가 형용사인 dependent를 수식하는 표현임.
61	④	'because they cannot melt and mold'에서 they(plastics)는 '스스로 녹거나 형태를 띨 수 없으므로' 수동태로 해야 한다: they cannot be melted and molded.
62	④	'~라 불리는 사람'에 맞는 표현은 수동태를 사용해야 하므로 naming > named로 수정.
63	①	convince는 타동사로 '~를 확신시키다'의 뜻을 지니고 있다. 문맥상 '나는 ~를 확신했다'를 표현해야 하므로 was convinced로 수정. ②번 from scratch는 '아무것도 모르는 상태'에서 뜻의 숙어. ③번의 even은 비교급 easier를 강조하는 표현.
64	②	'~라고 불리는 특수 화학물질'에 해당하는 표현은 능동형이 아닌 수동형인 called가 적절.
65	④	④번 문장은 수동태 구문이 도치된 경우이다. 원래는 "The Enchanted Horse" is included in this series ... 구조인데 '과거분사+be 동사+주어'로 도치할 수 있는 규칙에 따라 전환한 결과이다. ①번의 경우 관계대명사의 선행사가 복수이므로 'that have'로 수정.

		②번은 문맥상 '너무 멀어서 망원경 없이는 볼 수 없다'가 논리적이므로 'too distant to be seen'으로 수정. ③번은 'Aswan High Dam이 Egypt를 보호했다'는 능동의 개념이 적절하므로 'has protected'로 수정.
66	③	③번 문장의 '타협하다'에 맞는 동사는 promise가 아니라 compromise이다.
67	①	'can't(couldn't) but + 동사 원형'은 '~할 수 밖에 없다'를 뜻하므로 우리말 제시문과 의미차이 있음. ③번은 If I had had the book의 가정법 구문에서 도치를 하면 If를 생략할 수 있는 규칙을 활용함.
68	①	'~하는 것이 좋다'에 해당하는 표현은 'had better+동사 원형'이며 부정형인 '~하지 않는 것이 좋다'를 표현할 때는 'had better+not+동사 원형'이다. 따라서 You had better not do it at all ... 로 수정. ②번의 suggest이하의 that-절에서는 '주어+should(생략가능)+동사 원형' 용법을 사용하고 있다. 즉, ... suggested that the new policy should be implemented ...에서 should를 생략.
69	④	빈 칸에는 one basic question에 해당하는 내용(즉 의문문)이 들어가야 하는데 문장 내에 있으므로 간접 의문문(의문사+주어+동사)을 사용해야 한다.
70	④	'~할 예정이다'에 맞는 표현은 'is supposed to'이므로 Is he supposed to ... 로 수정. ①번에서 do you think는 삽입절이며 문장 전체의 동사는 likes임. ②번 How come으로 시작되는 의문문에서는 주어 동사를 도치하지 않고 사용함에 유의. ⑤번의 work(작업)은 명사로 쓰임.
71	①	admit 다음에는 V–ing형을 사용하는데 그 자신이 거짓말을 했으므로 수동태가 아닌 능동태가 필요하다. 올바른 표현은 admitted having told a lie 또는 admitted telling a lie 모두 가능하다. ③번의 'at the end of one's tether'는 '한계에 이른' 또는 '궁지에 빠진'의 의미를 지닌 숙어임.
72	③	determine 다음에는 'to+부정사'목적어를 사용하므로 ignoring을 to ignore로 수정.
73	④	④번에서 agree는 목적어로 to-부정사를 사용한다. 따라서 올바른 문장은, 'Hamas also agreed that day temporarily to stop firing rockets into Israel.'여기에서 that day와 temporarily는 각각 부사 표현이다. ①번의 plan과 ②번의 vow는 목적어로 to-부정사를 요하므로 올바른 표현이다. ③번은 시제의 규칙을 초월하는 동사인 suggest와 관계가 있는데 that-절 이하의 주어 다음에 동사원형 또는 'should+동사 원형'을 사용하는 규칙을 suggestion도 똑같이 적용받는다. 따라서 ... suggestions that European troops (should) be stationed의 문장에서 유래한 것임.
74	④	①번의 경우 '~하도록, ~하기 위해'에 적합한 표현은 for making보다는 to make임. ②번의 promise는 타동사이므로 바로 목적어 you를 사용. ③번의 make your farms flourish and clean water flows에서 and 다음에 make를 생략한 것으로 볼 수 있는데 그럴 경우 make는 사역동사이므로 flows 대신에 flow를 사용해야함.

75	③	①번은 are not allowed to use로 수정. ②번은 주어가 3인칭 단수인 extent이므로 astounds로 수정. ④번은 수동태인 your loan application has not been approved로 수정. ③번은 가정법 과거완료 문장으로 올바른 문장임.
76	④	두 가지의 선택 중에서 하나를 선호할 때 사용하는 prefer 동사를 활용할 수 있는 구문은 다음 세 가지이다: a) prefer+명사+to+명사, b) prefer+V-ing+to+V-ing, c) prefer+to+동사 원형+rather than +동사 원형. ④번의 경우 이 세 가지 중 어느 구문에도 해당되지 않으므로 틀린 문장이다. 올바른 표현은 'I prefer to stay home rather than go out on a snowy day.' 또는 'I prefer staying home to going out on a snowy day.'이다.
77	①	②번 '~할 운명이다'는 'be destined to' 표현 사용. ③번에서 prefer를 활용한 비교급은 'be preferred to ~'이므로 'seems to be preferred to a big city'로 수정. ④번 문장은 'find+it(뒤에 주어지는 to-부정사를 지칭)+보어+to-부정사' 구문을 요하는 것으로 'find it increasingly challenging to stay ahead'로 수정.
78	④	remember는 타동사이므로 바로 목적어(명사구, V-ing, that절, 그리고 to-부정사도 취할 수 있음)가 와야 한다. 올바른 표현은 'I don't remember that he told such a direct lie.' 또는 'I don't remember him(또는 his) telling me such a direct lie.'이다. 두 번째 표현에서 remember 다음에 이어지는 동사 표현에 유의해야 하는데 'to tell'은 '말할 것' 그리고 'telling'은 '말했던 것'을 의미한다. 그리고 telling의 주체가 문장 전체의 주어와 다르기 때문에 이를 제시해야 되는데 소유격과 목적격을 모두 사용할 수 있다. ①번에서 스스로 승진할 수 없으므로 수동태를 사용한 것은 올바름. ②번의 under the influence는 '취중에'라는 뜻의 숙어.
79	③	'say+to+somebody'구문을 사용하므로 'say to him'으로 수정하거나 'tell+somebody'구문으로 수정 필요.
80	④	Under no circumstances를 문장의 처음에 사용할 때는 주어와 동사를 도치시킨다. 그리고 이중 부정을 사용하면 안 되므로 Under no circumstances should you leave here로 수정.
81	②	'~에게 빌려주다'는 lend를 '~를 빌리다'는 borrow를 사용. 예 I asked my brother if I could borrow five dollars and he lent me five dollars. ③번처럼 on the platform이라는 장소를 나타내는 전치사구를 문장 앞에 위치시킬 때는 주어와 동사를 도치시킴.
82	④	④번의 대동사 'do'는 help를 대신하는 표현으로 도치하기 전의 구문은 'as providing clear, unambiguous instructions helps'이다. 명사구 'providing clear, unambiguous instructions(명확하고 모호하지 않은 지시사항들을 주는 것)'이 주어이므로 단수 동사를 사용해야 한다. 따라서 도치할 때 올바른 표현은 'as does providing clear, unambiguous instructions' ②번의 accepting은 '수용적인/받아들이는'을 의미. ③번의 it은 단수인 work를 지칭.

83	④	④번 문장의 주어는 단수인 diversity이므로 동사는 causes를 사용해야 함. ①번은 부정어 표현만 절의 앞에 위치할 때는, 도치 구문을 사용해야 하는 규칙을 따름. ②번의 it은 가목적어, to identify 이하가 진목적어. ③번은 it이 가주어, to be이하가 진주어인 구조임.
84	②	두 번째 문장은 '당신이 주말의 날씨를 빨리 찾도록 돕기 위해서 주말은 그래프에서 하이라이트 되어있다'를 의미한다. 따라서 weekends가 스스로를 highlight할 수 없으므로 수동태인 highlighted로 바꾸어야 함. ③번 이하는 미래의 상황에 대한 가정문으로서, 'if you should have activities planned' 구문에서 should를 주어 앞으로 이동하면 if를 생략할 수 있는 규칙을 따른 것이다. ④번은 have+목적어(능동적으로 할 수 없는 것)+과거 분사의 구문.
85	②	②번은 가정법 문장에서 주어와 동사를 도치할 때 if를 생략할 수 있는 원칙을 따른 올바른 표현이다. 도치 이전 표현은 It it were not for water, ... ①의 contact는 타동사이므로 to를 생략. ③번 who의 선행사가 복수이므로 동사는 are가 적절. ④번은 'The+비교급, the+비교급' 구문이므로 the worst를 the worse로 수정.
86	③	①번은 원인과 결과가 바뀐 것으로 'High-fat foods are to blame for the increasing obesity.'가 올바른 표현. ②번의 obesity rate가 단수이므로 are > is로. ④번의 '~한 결과를 낳다'는 result in을 사용.
87	④	'~를 돌보다'의미는 look after.
88	③	③번의 동사구 take into account는 고려의 대상인 목적어(명사구)를 필요로 한다. 'your performance, your attitude, and for your improving'에서 세 번째 명사구 앞의 for는 불필요하며 앞 명사구와의 일치를 위해 your improvement로 수정.

II

명사

62 셀 수 있는 명사 vs. 셀 수 없는 명사, Part 1

"그 시험에 대해 충고 하나 해줄까?"

이 문장을 영작할 경우 많은 학습자들은 특별한 고민 없이 바로 다음과 같이 써 내려갈 것이다: "May(Can, Could) I give you an advice for the exam?" 이 문장은 한국어 표현을 각각 영어로 그대로 옮긴 것이다. 그럼 이 문장이 올바른 문장인가? 아니다. 왜? advice는 셀 수 없는 명사이기 때문에 "어떤 한 개의" 뜻을 지닌 an을 사용할 수가 없기 때문이다. 따라서 an을 생략하고 "May I give you advice for the exam?"라고 하거나 some advice를 사용하면 올바른 문장이 된다.

이 예문을 통해 우리말에서는 셀 수 있는 명사를 영어에서는 셀 수 없는 것으로 여긴다는 사실을 알 수 있다. 그러면 영어에서의 셀 수 있는 명사와 그렇지 않은 명사를 구분하는 방법은 있는가? 우리말과 어떤 점에서 차이가 나는지 그 기준은 있는가? 이 모든 질문에 대한 답은 "없다"이다. 그 어떤 영문법 책에서 답은 찾을 수가 없다. 왜냐면 오랜 기간 누적된 문화적 차이에 의한 것이지 어떤 규칙에 따른 차이가 아니기 때문이다. 유일한 학습 방법은 영어에 많이 노출이 되고 사전을 적극적으로 활용하여 시간이 지나면서 자연스럽게 터득하는 수밖에 없다.

그럼에도 여기서는 먼저 주요 셀 수 있(없)는 명사들의 예시를 제시하고, 이들을 사용할 때 필히 명심해야 할 문법 사항들을 제시하고자한다.

셀 수 있는 명사 (count noun)	셀 수 없는 명사 (noncount noun)
accident afternoon answer approach army award bean bill bottle candy case chair class cloud condition conversation cookie definition direction dollar end enemy fact family finger fire flower future idea jewel job joke key language machine magazine picture problem remark season skill sky solution song story suggestion table theory vegetable word	advice air anger blood bread cloth coffee courage dirt education equipment evidence food furniture homework ice information jewelry justice knowledge leisure love luck luggage machinery mail meat music money news peace permission politics precision progress rain research rice salt smoke soccer traffic vocabulary warmth weather wine

63 셀 수 있는 명사 vs. 셀 수 없는 명사, Part 2

<셀 수 있는 명사 관련 기본 원칙>

1. 셀 수 있는 명사는 단수, 복수를 명확히

a. 한 개만 지칭할 경우에는 a/an, the, this, that과 함께.
그러한 표현 없이 명사만 단독으로 사용하는 것은 불가.

- I would like to buy a/the/this mug.
- ~~I would like to buy mug.~~

b. 여러 개를 지칭할 경우에는 복수형 사용.
복수형과 a/an은 같이 사용 불가. 단 the, these, those 사용 가능.
관사 없이 복수형만 사용 가능.

- ~~I would like to buy a mugs.~~
- I would like to buy the/those mugs.
- I would like to buy mugs.

c. 위 a, b를 따르지 않는 경우는 무조건 오류임.

2. 셀 수 있는 명사의 복수형과 함께 many, few, a few 사용 가능.

- I need many/a few pencils.

<셀 수 없는 명사 관련 기본 원칙>

1. 복수형 없음.

- ~~She needs patiences.~~

2. 무 관사 가능, a/an 사용 불가.

- She needs patience.
- ~~The task requires a patience.~~

3. the, this, that 사용 가능. 단 these, those는 불가.

- She wants to buy the salt.
- This milk is going sour.

4. much, little, a little 사용 가능.

- She needs much patience.
- ~~She needs a few patience.~~
- I will buy a little rice for dinner.

64 셀 수 있는 명사 vs. 셀 수 없는 명사, Part 3

<셀 수 있는/없는 명사에 공통으로 사용할 수 있는 표현>

1. some: 셀 수 있는 명사와 사용할 때 복수형 필요.
   - There are some cookies on the plate.
   - There is some water on the floor.
2. any: 셀 수 있는 명사와 함께 사용할 때, 단수, 복수형에 모두 사용 가능.
   - He doesn't have any idea about it.
   - Did you enjoy any cupcakes?
   - Did you eat any food?
3. a lot of: 셀 수 있는 명사와 사용할 때 복수형 필요.
   - A lot of people went to the game.
   - Each kid needs a lot of attention.
4. lots of: lots가 복수형인 관계로 셀 수 있는 복수 명사에만 쓰이는 것으로 생각하는 경향이 있으나 셀 수 없는 명사와도 사용 가능.
   - Lots of people went to the game.
   - Lots of effort is required to finish the project in time.
5. plenty of: 'a lot of'와 비교하여 이 표현도 'a'를 넣어서 'a plenty of'라는 틀린 표현을 쓰지 않도록 유의. 셀 수 있는 명사와 사용할 때 복수형 필요.
   - There are plenty of mountains in the west coast.
   - Plenty of energy is lost through the windows.
6. enough: 셀 수 있는 명사와 사용할 때 복수형 필요.
   - I didn't get enough chances.
   - Right now I don't have enough money to buy a car.
7. no: 셀 수 있는 명사와 사용할 때 단, 복수형 모두 가능.
   - No bear was captured.
   - There were no bears in the zoo.
   - There was no space to park my car.
8. more: '조금 더'를 의미하며 '양의 증가' 그리고 '숫자의 증가'에도 사용함.
   - More people gathered to welcome his return.
   - She demanded more attention.

Important

위의 표현들을 셀 수 없는 명사와 함께 사용할 때는 단수 동사를 사용한다는 점에 유의.

65 셀 수 있음/없음이 가능한 명사

여러 명사들이 문맥에 따라 셀 수 있는 명사로 사용하기도 하고, 셀 수 없는 명사로 쓰이기도 하는데 몇몇 주요한 단어들을 통해 어떤 의미 차이가 있는지 살펴보자.

1. experience
   - People with the same experience in the job should be paid the same. (총체적인 경험)
   - John had many terrible experiences as a cook. (구체적인 사건들)

2. difficulty
   - You'll probably notice him having difficulty swallowing the medicine. (일반적인 개념의 어려움)
   - Tom has had some difficulties finding a job. (구체적인 어려운 일들)

3. talk
   - I hate it when the meeting is nothing but talk. (일상의 대화, 잡담)
   - The talks will take place in Istanbul. (구체적인 회담들)

4. beauty
   - Beauty is in the eye of the beholder. (아름다움)
   - There are some real beauties in the garden. (아름다운 것들)

5. light
   - Light travels faster than sound. (빛)
   - Turn off the lights when you leave. (전등)

6. wine
   - The health benefits of wine have been studied for years. (와인 자체)
   - There are new wines that are introduced every day. (와인 종류)

이러한 단어들은 주어진 문맥에 따라 둘 중 하나의 뜻으로 사용되며, 같이 어울려 쓰이는 관사나 단, 복수형의 사용에도 유의해야 한다.

66 Fish vs. Fishes

experience나 difficulty처럼 단수 또는 복수로 사용할 수 있으며 복수일 때는 s를 붙이는 단어들이 학습자들에게 어려움을 주는 것처럼, 단수와 복수로 쓰일 때 형태의 변화 없이 사용하는 명사들 역시 필히 학습해야 할 대상이다. 다음 두 부류의 명사들은 단, 복수형이 동일하다.

일부 동물	기타
cattle, deer, fish, moose, salmon, sheep, tuna	aircraft, means, offspring, series, species

a. That cattle is over 14 years of age.
b. Some farmers use hormones to make cattle grow more quickly.
c. His son finally caught a fish.
d. How many fish did you catch yesterday?
e. The telephone is a means of communication.
f. There are several means of protection from sunburn.
g. An operation is beginning to save a species of crocodiles.
h. They studied two species of blue crabs.

이러한 단어들과 셀 수 없는 명사(예 water, patience 등)와의 차이점은, 단수로 쓰일 때 위의 예처럼 관사, 지시형용사(this, that), any 등을 필히 사용하여야 한다.

Important

fishes 또는 sheeps 같은 표현을 가끔 글에서 접할 수 있는데, 틀린 표현인가?

위의 표에 주어진 단어들에서 기타에 속하는 단어들을 제외하고, 동물 단어들에 -(e)s를 더한 복수형이 사용되는 예를 볼 수 있다. 가령 fish의 경우 같은 종류의 fish를 가리킬 때는 단/복수 동일한 형태를 사용하여 a fish, two fish, ten fish로 표현하지만, 다른 종류의 물고기를 가리킬 때는 two fishes처럼 표현 한다.

- Three types of fishes unique to Arizona were so plentiful.
- Discover and learn about two types of fishes in your area.

67 관사 a(n)/the 사용의 대원칙

모국어 화자가 아닌 외국인이 영어 관사를 적절히 잘 사용하는 것은 사실상 불가능에 가깝다. 그런 이유 때문에 각종 시험에서 관사에 대한 쓰임새가 올바른지를 평가하는 문제는 찾아보기 힘들다. 어떤 명사를 접할 때 마다, "a(n)/ the 중에 어느 것을 사용할 것인가?" "무관사와 the 중에서 어느 것이 올바른가?" 이런 문제에 닥치게 되는데, 그에 대한 답의 대부분이 뚜렷한 원칙 없이 그냥 관행에 따른 것이니 암기해야 한다는 사실이다. 예를 들어, 신문 이름 앞에는 정관사 the를 사용하고 잡지 이름 앞에는 관사를 사용하지 않는다와 같은 경우다.

이처럼 암기를 해야 하는 경우를 제외하고, 일반 명사의 관사 사용에 있어 다음의 대원칙들을 적용하면 거의 대부분의 경우를 해결할 수 있다.

1. 같은 부류의 여러 개 중의 하나인가? ➜ a/an 사용

a. He became a math teacher. ➜ 여러 수학 선생님중의 한 명

b. After weeks of looking, they bought a house. ➜ 여러 집 중의 하나

2. 세상에서 또는 주어진 상황에서 유일한 하나인가? ➜ the 사용

c. The sun is already high in the sky. ➜ 세상에서 유일한 sun과 sky

d. She is sitting on the floor watching TV. ➜ 집에서 floor는 단 한 군데

3. 말하는 사람(글쓴이)과 듣는 사람(글 읽는 사람)이 언급되는 명사에 대해 사전에 정보를 공유(share)하는가? ➜ the 사용

e. It is definitely hard to predict the future. ➜ future의 경우 처음 언급하는 경우에도 두 사람 모두 무엇을 가리키는지 아는 대상임.

f. I ate an apple this morning. The apple was delicious and juicy.
➜ 앞에서 언급한 apple을 다시 가리키는 상황으로 정보가 공유됨.

4. 정보가 공유되지 않고, 혼자만 알고 있는 것인가? ➜ a/an 사용

g. We are looking for an apartment. ➜ 말하는 사람은 염두에 둔 apartment가 있지만, 어떤 apartment를 찾고 있는지 상대방은 알 수 없음.

h. I have been seeking some advice from a counselor. ➜ 말하는 사람은 counselor가 누구인지 알고 있지만, 상대방은 그가 누구인지 알 수 없음.

68 관사의 차이 ⇨ 엄청난 의미의 차이

a. A number of community centers have been set up by the city.
b. A number of hotels have their own swimming pools.
c. The number of books in the library is now over two million.
d. The number of internet users has increased drastically.

위 문장들에서 관사의 차이가 어떤 동사를 사용할 지에 대한 결정을 가져온다. 'a number of(많은 ~)'는 복수 명사와 쓰이며 복사 동사를 사용한다. 반면에 'the number of(~의 숫자)'는 복수 명사와 쓰이며 단수 동사를 사용한다.

이러한 두 표현처럼 숫자와 관계되어 있으면서 관사에 따라 의미가 다른 한 쌍의 표현들로는 'the majority of'와 'a majority of'를 들 수 있다. 'the majority of'는 어떤 집단의 사람들이나 물건들 중에서 절반 이상을 지칭할 때 사용한다. 따라서 복수 명사와 함께 쓰이며 복수 동사를 사용한다. 셀 수 없는 명사와는 쓸 수 없으며, 대신에 'most of'를 사용할 수 있다. 'a majority of'는 다른 집단의 사람이나 물건보다는 많을 때 사용하는데, 모든 집단을 합한 수에서 절반을 꼭 넘는 것은 아니다. 예를 들어, A집단은 45%, B집단은 30%, C집단은 25%인 상황에서 A집단이 a majority가 될 수 있다. 'a majority'의 경우 다른 집단과의 차이 정도를 나타내기 위해서 large, narrow, absolute, small 등의 형용사와 어울려 쓰인다.

e. The majority of the tourists are from Italy. ➜ 관광객의 절반 이상
f. The majority of us were absolutely against the proposal.
g. ~~The majority of the furniture~~ was distributed among friends.
⇨ Most of the furniture was ... ➜ furniture는 셀 수 없는 명사
h. A majority of people still continue to support the new policy.
i. A simple majority of the people at the meeting liked the changes.

Important

number나 majority처럼 of와 함께 쓰이지만 'a'만을 관사로 취하는 표현으로 'a great(good) deal of'이 있다. 이 표현은 오직 셀 수 없는 명사와 함께 쓰인다.

j. There was a great deal of smoke in the room.
k. ~~She drank the good deal of coffee yesterday.~~

69 무게, 거리, 금액, 시간이 복수일 때 동사는?

Six miles are/is(?) a long way to walk.

위 문장의 주어 six miles는 많은 학습자들에게 본능적으로 복수 동사인 are를 사용하게끔 유도한다. 복수 명사가 주어일 때는 복수 동사를 사용한다는 기본 원칙에 충실하기 때문이다. 하지만 영어에서는 이 문장처럼 복수 명사임에도 불구하고 단수 동사를 쓰는 경우가 꽤 많다. 아래에 주어진 예들처럼 양, 거리, 금액, 치수, 시간 등이 복수 명사일 때 그 개념을 하나의 묶음으로 여겨 단수 동사를 사용한다.

a. Thirty liters of gas was spent on our journey.
b. Fifty dollars is a great deal of money to a child.
c. Two weeks is not enough to finish the task.
d. Four feet was the height of the chain fence.

이 표현들과 함께, 둘 또는 그 이상의 물건이 항상 어울려 하나의 물건처럼 사용되는 경우에, 하나의 묶음으로 간주하여 단수 동사를 사용한다.

e. Vinegar and oil is a popular salad dressing.
f. Bacon and eggs is a favorite American breakfast.
g. Liver and onions is a meal which people either love or hate.

Important

때론 글쓴이의 의도가 일반적인 문법 규칙보다 중요하다. 위에서 언급한 하나의 묶음으로 간주한 복수 명사들의 경우, 글쓴이가 묶음보다는 그 속의 개별적인 요소들을 강조하고자 할 경우에는 복수 동사를 사용한다.

h. Five struggling hours have passed since the contest started.
➜ 고통스럽게 지나가는 한 시간, 한 시간을 강조할 경우
i. More than a hundred dollar bills have disappeared from the cash box.
➜ 100불 전체보다는 소중한 1달러들의 합계를 강조할 경우
j. Vinegar and oil are essential in every kitchen.
➜ 식초와 오일 각각이 부엌에서 필수적임을 강조할 경우

70 그 것 ≠ it

- 나는 그에게서 안내 책자를 빌렸다. 그리고 그것은 매우 유용했다.

  ⇨ I borrowed a guide book from him. And it was really useful.

- 세기말에 군대는 많은 변화를 겪었다. 그것은 새로운 세대가 필요로 하는 것 때문이었다.

  ⇨ At the end of the century the army underwent many changes. ~~It was due to the needs of the new generation.~~

위의 예문들에서 첫 번째 우리말 문장의 '그것'은 '안내 책자' 즉 명사구를 지칭하며, 두 번째 우리말 문장에서 '그것'은 '세기말에 군대는 많은 변화를 겪었다'는 문장 전체를 지칭한다. 이처럼 우리말에서 '그것'은 명사구나 앞 문장 전체를 지칭할 수 있는 대명사로서 널리 쓰인다. 그리고 많은 영어 학습자들은 '그것'과 'it'을 동일하게 취급하여 위의 두 가지 다른 상황에서 모두 'it'을 사용하는 경우가 많다.

하지만 영어에서 'it'은 주로 명사구를 지칭할 때 사용하는 대명사이며, 앞 문장 전체를 지칭할 때는 다음의 예시에서 보듯이 'this' 또는 'that'을 사용한다. 둘 중에서 일반적으로 'this'를 'that'보다 선호하는 경향이 있다. 단, 아래 d~f 문장에서 보듯이, 어떤 사람이 한 말을 바로 이어서 다른 사람이 그 말을 지칭할 때는 'that'을 일반적으로 사용한다.

a. James passed the final stage of the audition. This shocked everyone.

b. New machines are usually more expensive. This is something one has to consider.

c. You think it is efficient that people work together in groups. Why is this?

d. A: I've never been to Paris. B: That's a pity. You should go one day.

e. A: She is terribly afraid of offending anyone. B: That's right.

f. A: Now it is my turn. B: That's fair enough.

71 재귀대명사

John thinks that David likes himself.

이 문장을 우리말로 직역하면 "John은 David가 자신을 좋아한다고 생각한다."이다. 그러면 우리말 문장에서 '자신'은 누구를 지칭하는가? '자신'은 John을 지칭할 수도 있고 David를 가리킬 수도 있다. 하지만 영어 문장에서 'himself'는 David만을 지칭한다. 왜냐하면 재귀대명사는 동일한 절 안에 있는 주어만을 지칭하기 때문이다.

John thinks that David likes himself.
절 # 1 절 # 2

위에서 보듯이 이 문장은 두 개의 절로 이루어져 있으며 himself는 두 번째 절에 있으므로 David만을 지칭한다. 즉 영어에서 재귀대명사는 하나의 절을 경계(boundary)로 하여 그 범위를 벗어난 것을 지칭할 수 없다. 반면에 우리말에서 재귀대명사는 한 개의 절을 벗어나 다른 절에 있는 주어도 지칭할 수 있다. 만약에 "John은 David가 자신을(John)을 좋아한다고 생각한다."를 영어로 표현하면 다음과 같다: John thinks that David likes him. 이 문장에서 him은 himself와 달리 한 절의 경계를 넘어있는 주어를 지칭할 수 있다.

위의 접속사를 활용한 절과 마찬가지로 다음의 'to-부정사 절'에서도 재귀대명사의 경계는 적용된다. 따라서 이 문장에서도 himself는 David만을 지칭한다.

John expected David [to protect himself].
절 # 1 절 # 2(protect의 의미상 주어는 David)

그런데 이 문장은 우리말로 "John은 David가 자신을 보호할거라고 예상했다." 로 번역할 수 있다. 우리말 문장의 경우 '자신'은 John이 될 수도 있고 David를 지칭할 수도 있다. 즉 우리말의 재귀대명사는 절의 범위를 넘나들 수 있다.

따라서 두 언어에서 재귀대명사의 쓰임에 대한 이러한 차이를 잘 인식하여 영어를 한국어로 또는 한국어를 영어로 옮길 때 그 의미를 명확하게 할 필요가 있다.

72 시대의 변화에 적응하는 대명사

If anybody comes, tell him I'm busy.
⇓
If anybody comes, tell him or her I'm busy.
⇓
If anybody comes, tell them I'm busy.

위 세 문장은 앞 절에서 언급된 성별을 알 수 없는 불특정한 사람을 다시 지칭할 때 사용하는 대명사가 시대의 흐름에 따라 어떻게 변화되어 왔는지 보여주고 있다. 예전에는 anybody를 다시 지칭할 때, 성별을 모름에도 불구하고, 남성을 가리키는 he, him, his 등을 사용하였다. 사실 이러한 관행은 당시에는 대중들로 부터 특별한 저항을 받지 않았다. 1990년대 이후로 "남성이 왜 모든 성을 대변하는가?"라는 논쟁에 대한 답으로 he/she, he or she, 또는 s/he 등 다양한 표현을 사용하여 불특정한 사람을 지칭하는데 사용했다. 이 표현들 또한 어떤 성을 먼저 사용하는가에 대한 논쟁에서 자유로울 수 없는 관계로, 마침내 모든 것으로부터 중립적인, 복수를 의미하는 대명사(예 they, them, their 등)를 사용하기 시작하였고 이제는 보편화된 단계이다. 심지어 많은 직장에서는 모든 문서에 이러한 표현을 필히 사용해야 한다는 가이드라인을 홈페이지 초기 화면에 공지하는 경우도 있다. 몇 가지 예를 더 보자.

a. Somebody left their umbrella in the office.
b. Everyone enjoyed the concert. They stoop up and clapped.
c. Ask anyone. They will let you know.
d. Nobody bothered to move the piano, did they?

복수 대명사의 이러한 사용은 anybody, somebody, nobody와 같은 소위 부정 대명사(indefinite pronoun)를 다시 언급할 때만 사용하는 것이 아니라 일반 명사 중에서 성별을 알 수 없는 명사를 다시 언급할 때도 사용한다.

e. A researcher has to be completely objective in their findings.
f. When I tell a child a joke, they laugh.

⚠ 아직 태어나지 않은 아이(unborn baby)를 지칭할 때는, 예전처럼 아직도 'it'을 사용하는 경우가 많다.

- I heard you have a baby coming soon. When will it be born?

73 소유격

소유격의 형태는 다음의 원칙을 따른다.

1. 사람 또는 조직, 기관, 도시 등 사람들로 구성된 집단을 나타내는 일반 명사 그리고 시간을 나타내는 일반 명사의 소유격 형태는, 단수 명사 일 때 그리고 -s로 끝나지 않는 복수 명사 일 때 's를 붙인다.

a. David's new car

b. men's bathroom

c. the college's new curriculum

d. the committee's decision

e. today's morning newspaper

f. David and Janet's son

-s로 끝나는 복수 명사의 경우에는 ' 만 붙이면 된다.

g. the girls' uniforms

h. the viewers' opinions

i. the companies' main export items

⚠ 사람의 이름이 -s로 끝나는 경우는 ' 만 붙이거나 's를 붙인다. 과거의 많은 문법책들 그리고 전통적인 규칙을 아직도 중요시하는 문법책들은 이와 같은 이름에 's를 사용해야한다고 규정하고 있다. 학습자 입장에서 볼 때, -s로 끝나는 낯선 이름을 접할 때, 원래 -s로 끝나는 이름인지 복수형인지 모를 경우'만 붙여 사용해도 되니까 큰 부담이 사라진다.

- Jones > Jones' 또는 Jones's
- Evans > Evans' 또는 Evans's
- Charles > Charles' 또는 Charles's

2. 생명이 없는 물건 그리고 사람으로 구성된 조직이 겪는 변화를 나타내는 명사의 소유격은 'of+명사'의 형태를 취한다.

j. the title of the book

k. the construction of the sports stadium

l. market development of airline companies

m. the foundation of the organization

74 사람 이름 ⇨ 고유명사 ⇨ 언제나 무관사?

- Abraham Lincoln achieved greatness.
- Albert Einstein disliked being called a genius.
- Barack Obama was elected President of the United States on November 7, 2012.

고유명사의 대표적 예인 사람 이름은 일상적으로 위의 문장들처럼 관사를 앞에 붙이지 않고 사용한다. 하지만 예외 없는 규칙이 없다고 때로는 정관사나 부정관사를 붙이기도 한다. 관사를 잘 사용하지 않는 우리말에서도 특정한 사람을 꼭 집어서 "그 김철수씨가 다녀갔어."라고 하듯이 영어에서도 비슷한 경우에 관사를 필요로 한다.

1. 이름 앞에 the를 사용하는 경우

1.a 동명이인이 여러 명 있을 때, 그 중에서 특정인을 언급하는 경우

- That's the Jennifer Simon I happened to meet at the show.
- He is the Jack Smith who goes by the name of Jackal.

1.b 어떤 사람이 일반 대중들이 다 아는 그 사람임을 강조할 때

- I met the Tom Cruise at the mall. Isn't it surprising?
- The Johnny Depp left a $4,000 tip on a $4,400 bill.

1.c 이름 앞에 그 사람을 설명하는 형용사를 사용한 경우

- The Hollywood actor Tom Cruise dreamt of being a Catholic priest.
- The late Dale Bone believed in the power of a college education.

1.d 한 사람이 아닌 그 집안사람 즉 '~씨 가족'을 의미할 때; 이름은 복수형

- The Trumans are having a party.
- The Smiths went up north for their vacation.

2. 이름 앞에 a/an을 사용하는 경우

2.a 어떤 사람이 특정 유명인과 비슷한 자질을 가졌는지를 언급할 때

- You don't always need to be an Isaac Newton or Albert Einstein.
- Eriksson expects China to produce a player like a Messi.

2.b 유명 작가의 작품을 언급할 때

- In old days you could buy a Picasso for $500.

2.c 자신이 알지 못하는 '~라는 이름을 가진' 사람을 언급할 때

- There is a Mr. Landy Johnson on the phone.

75 우리말에서 흔히 사용하는 틀린 외래어

A: 취미가 뭐야? B: 영화 보는 것 좋아해. A: 아, 영화 매니아구나!	⇨	A: What is your hobby? B: I like to watch movies. A: Ah, you're a movie ~~mania!~~

언제부턴가 우리말에 무엇인가를 무척 좋아하는 사람을 가리키는 단어로 '매니아' 또는 '마니아'가 널리 쓰이고 있다: 야구 매니아, 자동차 매니아 등. 그리고 영어로 표현할 때도 위 대화처럼 그대로 쓰곤 한다. 상당수 사람들은 이 글을 읽는 순간까지도 왜 'mania'라 하면 틀린 거지 하고 생각하고 있을 것이다.

영어에서 'mania'는 <u>사람을 가리키는 것이 아니라</u> '지나치게 강렬한 열정(enthusiasm) 또는 욕구(desire)' 또는 '지나치게 흥분해서 발생하는 정신적 장애'를 일컫는다. 그러면 '열정적으로 좋아하는 사람'을 가리킬 때는 어떤 단어를 써야하는가? 바로 '**maniac**[méiniæk]'이다. 위 대화에서는 a movie mania 대신에 a movie maniac을 사용해야 한다. 농구를 열정적으로 좋아하는 사람은 a basketball maniac, 우유 마시는 것을 너무 좋아하는 사람은 a milk maniac으로 표현한다.

Mania의 올바른 사용 예를 알아보면, 먼저 열정 또는 욕구 의미로는 다음과 같이 사용한다: a mania for cleanness, a dance mania, a mania for tacos. 정신적 장애의 의미로 사용하는 경우를 보면, mania를 단독으로 쓰거나(예 treatment of acute mania, symptoms of mania) 다음처럼 접두사를 붙여 특정한 정신적 문제를 지칭한다.

graphomania	무언가를 쓰고(write) 싶은 지나친 충동	megalomania	자신의 외모나 권력이 대단하다고 믿는 환상
sophomania	자신의 지능이 매우 뛰어나다고 믿는 환상	xenomania	외국인이나 외국 물건에 대한 광적 열정

⚠ 영어에서 질병을 의미하는 많은 단어들이 -ia로 끝나며, 그러한 질병을 가진 사람은 -ac로 끝나는 단어로 지칭한다.

- acrophobia — acrophobiac (고소공포증을 가진 사람)
- cyberphobia — cyberphobiac (컴퓨터를 두려워하는 사람)
- insomnia — insomniac (불면증을 가진 사람)

76 명사의 순서: 타인을 배려

- ~~I and my friend went to see the big match.~~
- ~~Me and David both didn't enjoy the movie.~~

위 두 문장이 공통으로 지닌 오류는 '나 자신 중심의 문화'와 '타인 배려 문화'의 차이에서 기인한다. 우리 문화의 경우 '내 가족과 친구 가족' '우리 동네와 그 동네를 비교해 보면' '우리 집 근처 가게'의 표현에서 보듯이 자신이 속한 집단을 부각시키는 표현들을 많이 사용한다. 영어권 문화에서는 자신과 타인을 동시에 언급할 때 타인을 배려하여 먼저 언급하는 관습을 가지고 있다. 따라서 첫 번째 문장은 다음과 같이 표현한다: My friend and I went to see the big match.

두 번째 문장의 경우 두 가지 오류를 지니고 있는데, 우선 타인 배려 원칙에서 벗어나고, 다음으로 주격인 'I'를 사용해야 하는데 목적격인 'me'를 사용하고 있다. 올바른 표현은 'David and I both didn't enjoy the movie.'이다.

타인 배려와 관련하여, 1인칭인 자신을 포함하여 2인칭, 3인칭의 사람을 동시에 언급할 때는 3인칭 > 2인칭 > 1인칭 대명사의 순서로 표현하는 점도 꼭 알아둘 필요가 있다. 예를 들면,

a. David, you, and I can apply for the next session.
b. John, you, and I will ride the car together.
c. My wife and I always go shopping on Saturday.
d. I have taken notes for Mike and me.

d 문장에서 목적격인 me를 사용한 이유는 전치사 for의 목적어인 관계로 주격이 아닌 목적격이 필요하기 때문이다.

인칭대명사의 위와 같은 순서는 a~d 문장에서처럼 주격과 목적격에 적용되는 것에 덧붙여 소유격 인칭대명사의 사용에서도 똑같이 적용된다.

e. Whatever our goals are, <u>yours and mine</u> are the same.

한편, 3인칭과 1인칭만 있는 문장에서 3인칭의 사람이 여러 명 있을 때, 그들 사이의 순서는 특별히 정해진 것이 없다. 말하는 사람과 친소 관계에 따라 특정인을 먼저 언급할 수도 있고, 단순히 생각나는 대로 열거할 수도 있다:

f. John, Sarah, Kevin and I went to the beach.

77 복합명사: 명사 + 명사 형식이 유일?

어떤 명사에 대해 좀 더 구체적인 정보를 주기 위해서 통상적으로 형용사를 사용 한다: a beautiful painting, a huge building처럼. 때로는 명사나 동사 또는 전치사가 수식하는 경우도 있는데, 그러한 표현들을 자주 사용하게 되면서 하나의 묶음으로 명사로 쓰이는 것을 복합명사(compound noun)라고 한다.

흔히들 복합명사는 오직 '명사+명사=복합명사'의 형식을 취하는 것으로만 알지만 아래와 같이 다양한 형태를 띠고 있다.

	복합명사
명사 + 명사	life insurance, cream cheese, fire engine, English teacher, apple juice, gas station
동사 + 명사	breakfast, know-all, password, jump rope
동사-ing + 명사	chewing gum, frying pan, warning sign
명사 + 동사	haircut, sunrise, rainfall, headache
명사 + 동사-ing	risk-taking, skydiving, baby-sitting
형용사 + 명사	happy hour, blackboard, public speech
전치사 + 명사	underworld, upstairs, bystander
기타	brother-in-law, right-of-way, dry-cleaning ladies and gentlemen, trial and error

복합명사는 위 표처럼 다양한 품사들로 이루어져있는데, 구성의 다양성처럼 표기 방법 또한 다양하다. 한 단어(예 breakfast), 두 단어(예 life insurance), 하이픈으로 연결(예 risk-taking), and로 연결(예 ladies and gentlemen) 등 총 4가지의 표기 방법이 있다. 영어 학습자들에게 어려운 점은 이들 표기 방법에 대한 뚜렷한 원칙이 없다는 점이다. 따라서 정확한 표기를 위해서는 사전을 참고하는 것이 바람직하다.

78 명사를 형용사처럼

- ~~I registered for a 3 months course at an English academy.~~

많은 학습자들이 알고 있는 원칙들을 적용시켜 보면, 위 문장은 오류가 없는 것처럼 보인다. 즉, course는 셀 수 있는 명사이고 한 개의 course에 등록했으므로 관사 'a'의 사용은 올바르며, 3개월 과정이므로 복수형을 사용하여 '3 months'로 표현했으므로. 하지만, 올바른 표현은 다음과 같다.

- I registered for <u>a three-month course</u> at an English academy.

위 문장에서 three와 month는 한 묶음으로 course를 수식하고 있다. 즉, 숫자와 단위를 나타내는 두 명사가 마치 형용사처럼 다른 명사를 수식하는 경우에는 다음의 규칙을 따른다.

1. 명사와 명사 사이에 '-(hyphen)'을 사용한다.
2. 단위를 나타내는 명사(위의 month)는 단수를 사용한다.
3. 수식되는 명사(위의 course)는 주어진 상황에 따라 복수를 사용할 수 있다.
   가령, 3개월짜리 두 강좌에 등록한 경우에는 two three-month courses로. 이 경우 two 다음에는 hyphen을 쓰지 않는 점에 유의.
4. 100이하의 숫자는 아라비아 숫자로 표기하는 대신에 단어로 표기하는 것이 관행이다.
5. 숫자, 단위(특히 나이, 높이)에 이어 형용사가 함께 명사를 수식할 때는 형용사까지 hyphen 사용한다.
   예 a four-year-old girl, a three-inch-high statue, a two-hour-long movie

위의 규칙들은 시간, 거리, 나이, 수량 등을 나타낼 때 광범위하게 적용된다. 예들을 열거하면 다음과 같다.

a. I swim in <u>a 20-yard pool</u> once or twice a week.
b. He bought <u>ten 30-cent stamps</u>.
c. I wish I would get more than <u>five-hour sleep</u> tonight.
d. <u>A three-story building</u> in Wellsville collapsed Thursday afternoon.
e. <u>Two six-ton trucks</u> are available on sale.
f. I borrowed <u>a 250-page book</u> from him.
g. Utah broke a tie with <u>a third-period goal</u> to defeat New York.

79 Some, Part 1

Some의 쓰임새는 크게 다섯 가지로 나눌 수 있다.

1. 구체적으로 명시되지 않은 사람이나 물건 같은 명사를 앞에서 수식하면서 양 또는 수를 나타낸다. 셀 수 있는/없는 명사 모두와 사용할 수 있으며, 그 양이나 숫자 역시 구체적이지 않아 '몇몇' '약간'의 뜻을 지닌다.

1.a I have some important things to tell you.

(things → 구체적으로 무엇인지 알 수 없음)
(some → 정확한 숫자를 알 수 없음)

1.b Would you like some coffee?

(coffee → 셀 수 없는 명사도 가능)

1.c Some buildings are architectural nightmares.
1.d What are some good movies to watch on a boring afternoon?
1.e There was some glue on the table.
1.f Some weak stress is actually beneficial.

⚠ 1.c~1.f의 문장에서 보듯이, 셀 수 있는 명사와 사용할 때는 복수 동사를, 셀 수 없는 명사와는 단수 동사를 사용한다.

⚠ 구체적으로 명시되지 않은 사람이나 물건 같은 명사를 앞에서 수식하면서 양 또는 수를 부정문이나 의문문에서 나타내고자 할 때는, some 대신에 any를 사용한다. 단, 1.b의 문장처럼 상대방의 답이 긍정적으로 기대되는 의문문은 제외한다.

- I don't have any important things to tell you.
- Any buildings aren't architectural nightmares.
- There wasn't any glue on the table.
- Is there any milk left? ➜ 상대방의 답을 예상할 수 없는 경우에 any
- Do you need any help?
- Would there be any chance to get the item?

80 Some, Part 2

2. 1번에서 다룬 some 쓰임새의 경우, some 단어에는 강세(stress)를 주지 않고 이어지는 명사에 강세가 주어진다. 그런데 some에 강세를 주고 이어지는 명사에는 상대적으로 적은 강세가 주어지는 경우가 있다. some이 '아주 대단한' '많은' '상당한' 또는 '불특정한 어떤'의 뜻을 지닐 때 그렇다.

2.a There is still sóme confusion over the cause of the fire.
⇒ 화재 원인에 대해 아직까지 상당한 혼란이 있다.
2.b Did you watch the game last night? That was sóme game.
2.c It took sóme effort to reschedule the appointment.
⇒ 약속을 다시 잡기 위해 많은 노력을 .기울였다.
2.d Why do sóme people live longer than others?
2.e I am in sóme kind of trouble. ⇒ 알 수 없는 어떤 문제에 처해있어.
2.f Sóme man called twice while you were out.
⇒ 어떤 사람이 네가 외출했을 때 두 번 전화했어.

⚠ some은 상황에 따라 '약간' 또는 그 반대로 '상당한'의 뜻을 지닐 수 있지만, '셀 수 없는' 또는 '무한대'를 표현해야 할 상황에서는 절대 사용할 수 없다.

- There are giraffes in Africa. ➜ 구체적으로 셀 수 없는 수의 기린들
- ~~There are some giraffes in Africa.~~
- We need air and water to survive. ➜ 구체적으로 양을 정할 수 없는 상황
- ~~We need some air and water to survive.~~

3. 'some of+명사구'의 형식에서 some을 사용할 때, 명사구에 주어진 것의 '일부분'을 가리킨다. 셀 수 있는/없는 명사구 모두 사용할 수 있다.

3.a They liked some of the ideas I proposed at the conference.
3.b He wasn't sure about some of the answers.
3.c Some of the food from the buffet was terrible.

⚠ of 다음에 명사구가 아닌 대명사 하나만 사용할 수 있다. 이 경우 수의 일치는 대명사와 일치시킨다.

- Some of them are not true.
- Some of it was destroyed in the fire.

81 Some, Part 3

4. 다른 표현과 어울려 쓰지 않고, some 그 자체로 대명사 역할을 한다. 이 경우 '일부분'의 뜻을 지닌다. 단수 또는 복수를 의미할 수 있는데, some이 주어일 경우에는 이전의 어떤 명사를 지칭하느냐에 따라 동사가 결정된다.

4.a If you need any money, I can lend you some.

4.b You will find some over the kitchen counter.

4.c Some sports are very dangerous, and some *are* fairly safe.

앞선 복수 명사를 대신하는 대명사이므로 복수 동사 사용

4.d His work attracted more attention and some *was* exhibited.

앞선 단수 명사를 대신하는 대명사이므로 단수 동사 사용

5. some이 때론 부사의 역할을 하는데, 다음 두 가지 경우에 부사로 사용한다. 첫 째는 숫자 앞에서 '대략적으로(approximately)' 의미를 표현할 때이다. 두 번째는 동사나 형용사를 수식하는 표현으로 '약간/조금'의 의미를 지닌다.

5.a Some 76 percent of elementary school teachers are female.
⇒ 대략 초등 교사의 76 퍼센트가 여성이다.
5.b The city will spend some $160 million on the renovation.
5.c I guess she likes him some. ➜ 동사 like를 수식하는 부사 역할
5.d They were some weary. ➜ 형용사 weary를 수식하는 부사 역할

"SOME TALK TO YOU IN THEIR FREE TIME, AND SOME FREE THEIR TIME TO TALK TO YOU."

82 Any, Part 1

Any의 쓰임새는 크게 다섯 가지로 나눌 수 있다.

1. 명사를 앞에서 수식하면서 구체적이지 않거나(unspecific) 또는 알 수 없는(unknown) 양이나 수를 나타낸다. 부정문이나 의문문에서 사용하며, 긍정문에서는 some을 사용한다.

1.a He refused to make any promises. ➜ refuse가 부정적 의미 지님
1.b Do you have any tips to save money on car insurance?
1.c Peter didn't get any support from his family.
1.d Is there any land under the north pole?

⚠ 여러 문법책에서 위와 같은 의미의 any는 '셀 수 있는 단수 명사'와는 사용 할 수 없다고 규정하고 있다(예 Do you have any idea?). 하지만 언어 사용의 현실을 보면 그러한 규정을 따르지 않는 예들을 수 없이 접하게 된다. 심지어 Oxford Dictionary 같은 경우에도 'I don't have any choice.'를 any의 대표적인 예문으로 포함하고 있다.

2. some과 마찬가지로 any 또한 강세(stress)를 주는 문맥에서는 그렇지 않는 경우와 매우 다른 의미를 지닌다. 1번에서 다룬 any 쓰임새의 경우, any단어에는 강세(stress)를 주지 않고 이어지는 명사에 강세가 주어진다. 그런데 any에 강세를 주고 이어지는 명사에는 상대적으로 적은 강세가 주어지는 경우가 있다. '아무거나' '어떠한' 뜻을 지닐 때 그렇다.

2.a You can take ány pen you want.
⇒ 네가 원하는 어떤 펜을 택해도 돼.
2.b Ány bus will take you there.
⇒ 어떤 버스를 타도 거기에 갈 수 있어.
2.c I like beef, chicken, pork — ány meat.
2.d It's very simple and easy. Ány child can do it.

83 Any, Part 2

3. 'any of+명사구'의 형식에서 any를 사용할 때, 명사구에 주어진 것의 '일부분'을 가리킨다. 셀 수 있는/없는 명사구 모두 사용할 수 있다.

3.a I am not going to give you any of my precious time.
3.b You can take out any of the words in the list.
3.c She didn't have any of the typical symptoms of cholera.
3.d If any of the bread remains until morning, it must be discarded.
3.e Any of the people at the desk are(is) ready to help you.
3.f I don't think any of the supermarkets are(is) open.

⚠ 3.e~3.f 문장처럼 any of 다음의 명사가 복수임에도 불구하고 동사는 단수 또는 복수 둘 다 가능하다. 그런데 학습의 편리함을 위해서 명사의 수에 일치시키면(즉, 복수 동사를 사용) 된다. 단수 명사일 때는 당연히 단수 동사를 사용.

4. 다른 표현과 어울려 쓰지 않고, any 그 자체로 대명사 역할을 한다. 이 경우 '구체적이지 않거나(unspecific) 또는 알 수 없는(unknown) 양이나 수'를 의미한다. 단수 또는 복수를 의미할 수 있는데, any가 주어일 경우에는 이전의 어떤 명사를 지칭하느냐에 따라 동사가 결정된다.

4.a They needed some new equipment but they couldn't afford any.
⇒ 그들은 새로운 장비가 필요했지만 장비를 살 여유가 없었다.
4.b Please let me know how many will show up, if any.
⇒ 만약에 있기나 한다면, 몇 명이 올 건지 알려줘.
4.c Those who do not register in time are not eligible with the exception — any who are sick or injured.
↳ those를 지칭하므로 복수 동사를 사용함
4.d Clean the filters and throw away any that still smell bad.
4.e The show is packed with more action than any that has come before it.
↳ any show의 줄임말
4.f The council will inspect the work and reject any that *does not* comply with the orders.

84 Any, Part 3

5. 부사로서 any를 사용하는 경우는 두 가지로 나눌 수 있다. 첫째, 부정문이나 의문문에서 형용사나 다른 부사를 수식하는 경우로 '절대로' '전혀' '조금(도)'의 의미를 지닌다. 둘째, 동사를 수식하는 경우로 '전혀' '조금도'의 뜻을 지닌다.

5.a David wasn't any good at baseball.
⇒ David은 야구에 전혀 소질이 없다.
5.b After the repair, there was no noise any more.
5.c Do you feel any better? ⇒ 조금 나아졌어?
5.d Do the plants grow any bigger?
5.e The problem should not be allowed to influence our life any further.
5.f She doesn't care any. ⇒ 그녀는 전혀 신경 쓰지 않는다.
5.g That wouldn't hurt you any.

Important

< Any vs. Every >

any에 강세를 줄 때 '아무거나' '어떠한'의 뜻을 지닌다고 앞장에서 다루었다. 많은 학습자들은 '아무거나=모든 것'으로 생각하여 ány와 every를 같은 표현으로 혼돈하는 경우가 있는데, 다음 두 문장을 통해 그 차이를 알 수 있다.

- You can come over for dinner <u>ány</u> evening.
⇒ '아무 저녁에라도 저녁 식사하러 오렴.' 이 뜻은 어느 특정한 하루에 와도 괜찮으며, 여러 날에 와도 상관없으며, 심지어 매일 저녁에 와도 괜찮다는 뜻이다. 즉 ány는 전체 가능한 범위 내에서 <u>다양한 선택을 할 수 있을 때</u> 쓰는 표현이다.

- They came over for dinner <u>every</u> evening last week.
⇒ '그들은 저녁 식사하러 지난 주 매일 저녁에 왔다.' 이 뜻은 지난주에 하루도 거르지 않고 매일같이 저녁 먹으러 왔다는 뜻이다. 즉 every는 전체 가능한 범위 내에서 <u>모든 것을 포괄할 때</u> 사용하지, 그 중 일부분만을 가리킬 때는 사용하지 않는다.

> "Every single second is an opportunity to change your life, because in any moment you can change the way you feel."
> — Rhonda Byrne

85 한 칸 띄어쓰기 ⇨ 엄청난 의미 차이

a. Everyone wants to know what happiness means.

b. Every one of them is going to be given a large bonus.

c. He has read every one of my articles.

d. ~~He has read everyone of my articles.~~

'everyone'과 'every one'의 겉으로 보이는 차이는 every 다음에 한 칸을 띄어쓰기 한 것이다. 하지만 의미 차이는 매우 크다. 'everyone'은 '세상의 모든 사람 또는 특정 집단에 속하는 모든 사람'을 뜻한다. 'every one'은 '특정 집단의 각 사람 또는 물건(thing)'을 지칭한다. 즉, 각각의 개별적인 사람 또는 물건을 의미한다. a 문장은 '이 세상 모든 사람들은 행복이 무엇을 의미하는지 알고 싶어 한다'를 뜻한다. b 문장은 '그들은 각각 많은 보너스를 받을 것이다' 그리고 c 문장은 '그는 내가 쓴 기사를 각각 다 읽었다'를 뜻한다. d 문장의 경우, everyone은 사람만을 지칭하기 때문에 my articles와 같이 사용할 수 없다. 'everyone'과 'every one'의 공통점은 주어로 사용될 경우 a, b 문장처럼 둘 다 단수 동사를 사용한다는 점이다.

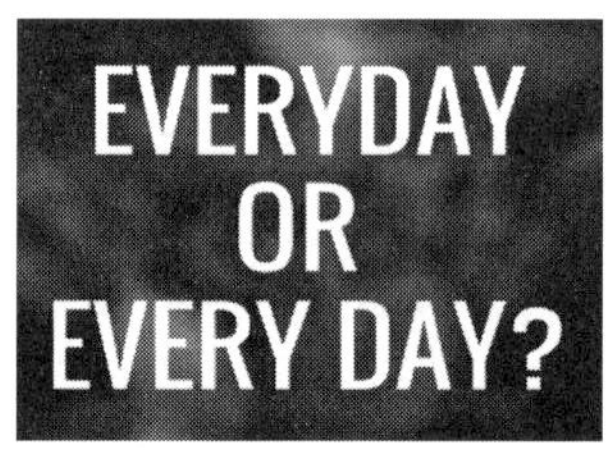

everyone/every one처럼 띄어쓰기 한 칸이 많은 의미 차이를 가져오는 다른 예로 'everyday'와 'every day'를 들 수 있다.

e. The war has ended. People can now start a normal everyday life.

f. They can enjoy a new style of life every day.

g. ~~She got married in every day clothes.~~

'everyday'는 형용사로서 '일상의(usual)' 의미를 지닌다. 따라서 e 문장은 '이제 사람들은 정상적인 일상생활을 시작할 수 있다' 뜻이다. 반면에 'every day'는 부사로 '(규칙적으로) 매일 같이'를 의미한다. 따라서 f 문장은 '그들은 매일 같이 새로운 스타일의 삶을 즐길 수 있다'로 해석할 수 있다. g 문장은 두 가지 측면에서 오류가 있는데, 첫째는 '매일 같이 옷을 입고 결혼식을 했다'는 의미적 오류가 있다. 둘째로 'every day'는 부사로서 바로 명사를 수식할 수 없는데 이를 위반하고 있다. 따라서 'everyday clothes(평상복)'로 수정해야 한다.

86 Someone/Somebody vs. Anyone/Anybody

Someone/somebody를 사용할 때 가장 기본적인 원칙은 다음 세 가지 이다: 1) 긍정문에서 사용한다; 2) 단수이다; 3) 의문문이나 if-절에서 그 사람의 존재에 대해 어느 정도 인지한 경우에 사용한다. 각각의 원칙을 살펴보자.

1. 긍정문에 사용, 부정문에는 anyone/anybody 사용

a. She fell in love with someone.

b. ~~She didn't fall in love with someone.~~

c. She didn't fall in love with anyone.

d. Somehow he got on the train without being seen by anyone.

➜ without은 부정어로 취급하므로 anyone을 사용

2. 단수 명사임. 복수는 some people 사용. somebodies는 '중요한 사람들'을 의미.

e. Someone is coming tomorrow to fix the computer.

f. ~~There are someones who aren't afraid of snakes.~~

g. There are some people who aren't afraid of snakes.

h. They seem to be somebodies in this town.

3. 의문문이나 if-절에서 그 사람의 존재에 대해 어느 정도 알고 있을 때 someone을 사용하고 그렇지 않은 경우에는 anyone/anybody를 사용

i. Is there someone waiting outside the door?

➜ 누군가 기다리고 있을 거라고 생각할 때

j. Is there anyone waiting outside the door?

➜ 기다리고 있는 사람이 있는지 전혀 모를 때

k. How can you tell if someone is lying to you?

➜ 어느 정도 인지하는 사람이 거짓말 할 때

l. If anyone asks where you are, I'll say you've just gone to sleep.

➜ 물어볼 사람이 누군지 전혀 예측할 수 없을 때

⚠ 'someone of+복수 명사' 표현은 사용하지 않는다. 대신에 'one of+복수 명사' 또는 'someone+전치사+복수 명사'를 사용한다.

- ~~Someone of the speakers has already raised the issue.~~
- One of the speakers has already raised the issue.
- Someone among the speakers has already raised the issue.

87 Nobody/No one

Nobody/no one을 사용할 때 가장 기본적인 원칙은 다음 네 가지 이다: 1) 부정문에 사용한다; 2) 하나의 절 안에서 다른 부정어(예 not, no, hardly, scarcely, none, nothing, neither, never 등)와 같이 사용하지 않는다. 즉 이중 부정을 피한다; 3) 단수이다; 4) someone과는 달리 no one은 두 단어이다. 각각의 원칙에 대한 설명과 오류의 예를 살펴보자.

1. 부정문에 사용

a. Nobody in our group knew any Spanish.

b. There was no one in the office.

2. 다른 부정어와는 사용하지 않는다.

c. ~~Nobody could see nothing because of fog.~~ ➜ 이중 부정

d. Nobody could see anything because of fog. ➜ any- 표현은 사용 가능

e. Nobody found the lost watch anywhere.

f. ~~He says that no one doesn't understand him.~~ ➜ 이중 부정

⇨ He says that no one understands him.

g. If you don't believe in yourself, nobody will.

➜ 같은 절이 아닌, 각기 다른 절에 부정어를 사용하는 것은 괜찮다.

3. 단수 명사임. 대명사(어느 누구도 ~ 않다)로서 nobody의 복수를 나타내는 표현은 실질적으로 존재하지 않음. 참고로 nobodies는 '하찮은 사람들'을 의미하는 명사이다.

h. Nobody likes that kind of conversation.

i. ~~No one use the language as a native language.~~

⇨ No one uses the language as a native language.

j. They are just nobodies trying to get noticed by the press.

⇒ 그들은 언론의 관심을 받으려고 하는 그저 하찮은 사람들이다.

4. someone과 달리 no one은 두 단어로 쓴다. 매우 드물게 no-one을 사용하기도 한다.

k. No one has ever done this before.

l. ~~We called, but noone answered.~~

⇨ We called, but no one answered.

88 One

a. That car is the one I like best.

b. There are many different services and picking the best one is hard.

c. It was the egg tart that caught my eye and I bought a large one.

d. Which of the answers was the correct one?

위 문장들에서 one은 숫자 '하나'를 의미하는 것이 아니라 앞에 사용된 명사를 대신하는 역할을 하는 대명사이다. a 문장에서는 car, b 문장에서는 service, c 문장에서는 egg tart, 그리고 d 문장에서는 answer를 대신한다.

그런데 이러한 역할을 하는 one을 아래의 표현들 다음에는 사용하지 않는다: some, any, both, 그리고 '숫자'.

e. A: Are there any apples for desert?
B: ~~I bought some ones yesterday.~~ ⇨ I bought some yesterday.

f. A: Which option do you prefer?
B: It is hard to say. ~~I like both ones.~~ ⇨ I like both.

g. A: How many books have you borrowed?
B: ~~I borrowed three ones.~~ ⇨ I borrowed three.

여기에 덧붙여 '명사+명사'의 표현에서 두 번째의 명사만을 대치하기 위해 one을 사용하지 않는다.

h. Do you like pumpkin cakes or apple cakes?
⇨ Do you like pumpkin or apple cakes?
⇨ Do you like pumpkin cakes or apple?
⇨ ~~Do you like pumpkin cakes or apple ones?~~
(apple cakes 표현 중에서 cakes만을 ones로 대치할 수 없다.)
⇨ ~~Do you like pumpkin ones or apple?~~

⚠ 숫자 바로 다음에는 one을 사용하지 않지만, '숫자+형용사+one' 표현은 가능하다.

- A: How many boxes did you deliver?
  B: I delivered two large ones and seven small ones.
- The experts said it was a poor solution and recommended three better ones.

89 'None of/Neither of/Any of + 복수명사'의 동사

다음 문장들에서 괄호 안에 적절한 동사는 무엇일까?

a. None of them (are, is) from Germany.
b. Neither of the two traffic lights (are, is) working.
c. It is unclear if any of those stories (are, is) true.

질문에 대한 답은 '둘 다 가능하다'이다. 과거 격식을 차리는 영어에서는 단수 동사를 선호하였고 지금도 그 현상이 일부 남아있다. 하지만 요즘에는 복수를 훨씬 더 선호한다. 그러면 학습자 입장에서는 어떤 것을 따르는 것이 좋은가?

두 가지 측면에서 복수 동사 사용을 권장한다. 첫째, 현재 시점에 복수 동사를 절대적으로 많이 사용하고 있다는 점이다. 둘째, 동사 바로 앞의 명사가 복수형이므로 수의 일치라는 관점에서 평소에 사용하던 규칙을 적용하는 것이 편리하다는 점이다. 즉, 복수 명사인데 단수 동사를 써도 되는지 고민하지 말고 그냥 복수 동사를 사용하면 된다는 것이다. 복수 동사를 사용한 예를 더 들면,

d. None of us were allowed to leave.
e. Neither of the opinions prove anything.
f. Either of those drinks are bad choices for your health.
g. I don't think that any of them are expecting it to be a problem.
h. Were any of your books published under the name Cobra?

⚠ neither A nor B 그리고 either A or B 표현에서 동사는? 이에 대한 답은 문법책마다 제각각이다. 그러한 이유로 공공시험에서 동사 선택에 대한 문제를 찾아보기 힘들다. 세 가지 쓰임새를 문법책들에서 제시하고 있는데: 1) 동사와 가까운 B의 수에 일치시킨다; 2) A와 B중에서 복수 명사가 있으면 복수 동사를 사용한다; 3) A와 B 둘 다 단수일 경우에 복수 동사도 사용할 수 있다.
➜ 결론: 위 세 가지 쓰임새 중 학습자 입장에서 가장 간단명료하고 문법적인 방법은 동사와 가까운 B의 수에 일치시키면 된다.

- Neither John nor Tom was to blame for the mistake.
- Neither I nor my friends are interested in modern art.
- Either the parents or the school determines the use of the fund.
- Either the school or the parents determine the use of the fund.

90 Sort of/Kind of/Type of + 명사

'sort of/kind of/type of/class of+명사' 구문을 사용할 때 관사 문제 때문에 누구나 한 번쯤은 고민했을 것이다. 다음 세 가지 원칙만 잘 지키면 관사 고민은 해결할 수 있다.

1. sort, kind, type, class 단어 모두 셀 수 있는 명사이다. 따라서 단수 혹은 복수를 명확히 표현해야 한다.

a. I am a kind of optimist, I suppose.

b. ~~I am kind of optimist, I suppose.~~

c. Youngsters should experience all sorts of adventures.

d. ~~Youngsters should experience all sort of adventures.~~

2. sort of/kind of/type of/class of+무관사+단수 명사(셀 수 있는 명사나 셀 수 없는 명사 모두 단수 사용)

e. He wanted to set a sort of challenge for himself.

f. What type of student are you?

g. This kind of weather is more common in winter.

3. sorts of/kinds of/types of/classes of+무관사+셀 수 있는 복수 명사 또는 셀 수 없는 단수 명사

h. He asked all sorts of questions.

i. What kinds of evidence do the police have? ➜ 셀 수 없는 명사

j. There are many types of wild mushrooms.

k. The following classes of information will be made available.
➜ 셀 수 없는 명사

⚠ sort of/kind of 표현을 명사와 함께 사용하는 경우 이외에, 동사 또는 형용사를 수식하는 부사어로써 사용하기도 한다. 이때의 의미는 '대체적으로' '어느 정도'를 뜻한다.

- I am sort of sad when I see the photograph.
- He felt kind of sorry for David.
- I've sort of heard of her, but I don't know who she is.

91 There, Part 1

'There' 단어를 접하자마자 학습자들은 본능적으로 '그곳에, 거기에, 또는 저기에' 같은 의미를 지닌 부사를 떠올린다. 그리고 해석을 할 때, 다음의 경우처럼, 오로지 부사의 의미만을 적용시켜 문장의 의미를 올바르게 파악하지 못하는 경우도 종종 있다.

a. There doesn't seem to be any water left.

→ ~~그곳에 물이 전혀 남아있지 않은 것처럼 보인다~~.

➜ 여기에서 there는 그 이후에 주어진 내용을 소개하는 대명사의 기능을 하며 구체적인 의미는 지니고 있지 않다. 위 문장의 올바른 해석은 "물이 전혀 남아있지 않은 것처럼 보인다."

위의 문장처럼 대명사 또는 명사로서 there를 사용하는 경우를 흔히 볼 수 있는데 그 쓰임새를 자세히 살펴보자.

1. 대명사로서 there

There +	be 동사 또는 존재, 발생의 의미를 지닌 동사: appear, seem, remain, rise, develop, come, follow	+ 명사

There를 대명사로 사용할 때는 위에 주어진 동사 다음에 이어지는 명사의 존재 여부를 소개하거나, 명사에 대한 관심을 불러일으키는 역할을 한다. There 자체는 특별한 의미가 없으므로 해석에 포함 시키지 않아도 된다.

b. There was no clear evidence.

c. There appears to be a problem.

d. There remain two questions to answer. ➜ questions가 복수이므로 복수 동사

e. There came a huge noise from the factory. ⇒ 공장에서 큰 소음이 났다.

f. There followed a long period of rebuilding. ⇒ 오랜 기간 리빌딩 했다.

2. 명사로서 there: '그 장소,' '그 순간/지점' 을 의미. 주로 전치사와 함께 사용.

g. We jogged from there to the end of the block. ⇒ 그 곳에서 블록 끝까지

h. They agreed up to there. ⇒ 그 점까지는 그들은 동의했다.

i. The factory is located somewhere around there.

92 There, Part 2

3. 부사로서 there

학습자들이 there의 가장 대표적인 쓰임새로 인식하고 있지만, 주로 장소를 나타내는 표현으로만 알고 있는 경우가 많다. 하지만 부사 there는 '그 곳에, 그 곳으로, 그 순간에, 그러한 측면에서, (만족 또는 동의를 나타낼 때) 거봐/그렇지' 등 다양한 뜻을 지닌다.

j. The children loved the park—they want to go there again. ➜ 그 곳에
k. The information you want is right there in front of you. ➜ 거기에
l. She paused there to get feedback from the audience. ➜ 그 순간에
m. I don't agree with you there. ➜ 그 점에 대해서
n. There you are wrong. ➜ 그 측면에서
o. There, I told you she would come. ➜ 거봐
p. There she comes. ➜ 타인의 관심을 끌기위한 역할을 함. 특별한 의미 없음.

⚠ 통상적으로 부사는, 명사와는 달리 전치사 다음에 사용하지 않지만, 예외적으로 '장소'를 나타내는 부사(there, here 등)는 전치사 다음에 사용할 수 있다. 단 'to there'는 사용하지 않는다.

- The cafe is just across the road over there. ➜ 전치사 over + 부사 there
- Just go through there and you'll find the station.
  ➜ 전치사 through + 부사 there
- ~~How do I get to there?~~ ➜ How do I get there?
- He lived in New York for 20 years. ~~He still goes to there often.~~
  ➜ He still goes there often.

⚠ There는 접속사로 사용할 수 없다. 우리말을 영작한 문장을 보면 한 단어씩 영어로 옮긴 결과 다음과 같은 문장을 볼 수 있는데, there는 접속사 역할을 하지 못하므로 틀린 문장이다.

- 나는 카페로 돌아갔는데 그곳에 내 친구가 기다리고 있었다.
  ➜ ~~I went back to the cafe, there my friend was waiting.~~
  ⇨ I went back to the cafe, where my friend was waiting.

93 It, Part 1

대명사 'it'의 쓰임새는 아주 광범위하다. 때론 'it'의 뜻이 뚜렷하지 않은 경우도 있어 해석을 하는데 애를 먹기도 한다. 수많은 의미 중 자주 쓰이는 것들을 위주로 살펴보면,

1. 가장 보편적인 쓰임새로, 이미 한번 언급한 물건, 사건 등을 다시 지칭할 때 사용한다. 명사구만을 다시 언급하는 경우뿐 아니라, 앞에 주어진 내용 전체 또는 일부분을 언급할 때도 사용한다(단, it이 목적어 역할을 하는 경우).

a. His anger was real. It wasn't a fake. (It = His anger)

b. She said the story was true, but I doubt it. (it = the story was true)

c. Maybe he opposed the proposal, but I don't care about it.
(it = Maybe he opposed the proposal)

2. 흔히들 'it ~ to/it ~ that/it ~ V-ing 용법' 또는 '가주어 ~ 진주어'라고 부르는 쓰임새로, 'it' 그 자체는 의미가 없고 'to+동사 원형 이후', 'that-절 이후' 또는 'V-ing 이후'를 지칭한다.

d. It is important to hand in the homework in time.

e. It is rude of him to leave so suddenly.

f. It was strange that the door was open.

g. It was a great shame that they arrived late for the show.

h. It's been nice meeting you.

i. It's my pleasure helping you find the solutions.

⚠ 위의 문장들과는 달리 'it'을 의미 없는 목적어로(즉, 다음에 이어지는 목적어를 지칭하는 역할) 사용하기도 한다.

- I consider it a great honor to be invited.
- She made it her mission to help children in need.

3. 시간, 날씨, 거리, 온도를 의미

j. It is five minutes to three.

k. It was humid and windy.

l. How far is it from London to Paris?

94 It, Part 2

4. 어떤 상황이나 사건에 대해 의견을 말할 때 사용.

m. It seems as if everybody else knew except her.
⇒ 그녀를 제외하곤 모든 사람들이 알았던 것 같아.
n. It sounds very serious to me. ⇒ 상황이 심각한 것 같아.
o. What is it like driving in winter in Scotland?
⇒ 겨울에 Scotland에서 운전하는 것은 어때?

5. '~라고들 사람들이 말해/믿어/주장해'를 표현할 때 'it'을 주어로 하고 'be' 동사 그리고 관련동사를 사용한다.

p. It is said that the little boy could speak five languages.
q. It is believed that the tree is over 600 years old.
r. It was claimed that the accident happened because of the poor condition of the road.

6. 'be' 동사와 함께 강조의 구문에서 사용: It+be+강조할 내용+that/관계대명사

s. It was her roommate who pushed her not to give up.
t. It was in 2002 that Korea and Japan hosted the FIFA World Cup.

7. 아기 또는 누구인지 알 수 없는 사람을 가리킬 때.

u. Is it a boy or a girl?
v. (When someone knocks) Who is it?

8. 특정 시점에 대 유행인 물건이나 인기 있는 사람을 가리킬 때. 대소문자 모두 사용 가능.

w. There are tote bags that are eligible to become a real It bag.
x. Hollywood's it girl, Rachel McCord, proudly announced the release of her new book.

95 This/That

대명사로서 this와 that은 사물을 가리킬 때 가장 많이 사용하지만 다른 상황에서도 많이 쓰인다.

1. 거리나 시간적으로 가까운 것을 가리킬 때는 this/these를 그리고 먼 것은 that/those를 사용.

a. Is this your book? I found it under the table.
b. He said he would be back before this. ➜ this는 '지금 이 시간'
c. I need these books, but you can borrow any of those.
d. After that, he deliberately avoided other people. ➜ that은 '과거 어떤 일'

2. 이미 언급한 것을 가리킬 때 this/these 또는 that/those를 사용: 특히, 이들이 새 문장의 주어일 때. 두 표현이 모두 사용 가능한 경우도 있지만, 대체적으로 상대방이 언급한 것을 가리킬 때는 that/those를 사용하고, 자신이 언급한 것을 가리킬 때는 this/these를 사용.

e. A: Let's go to the movies. B: That's a good idea.
f. A: I don't want to tell the details. B: Why is that?
g. The job is mostly nine to five. Is this what would make you happy?
h. Vitamin tablets usually contain vitamins A, C, and D. These are available from any drug store.

3. 앞으로 하고자 하는 말을 미리 지칭할 때 this/these 사용. that/those는 불가.

i. This is what I want to say. I wasn't involved in the incident.

j. This is the thing you need to remember. You should exercise more.
k. These are the principles that guide how we approach privacy. We give you control of your privacy. You should be able to make the privacy choices that are right for you.

96 명사 + 전치사

명사 다음에 전치사구를 이용하여 그 명사에 대한 부가적인 정보를 주는 문장들을 쉽게 접할 수 있다.

a. Many people opposed the destruction of the old theater.

b. A sound behind him made him terrified.

위 두 문장에서 사용된 명사(destruction, sound)들은 문맥에 따라 전치사구를 필요로 하거나 그렇지 않기도 한다. b 문장에서 'behind him'은 절대적으로 필요한 정보가 아닌 부가적인 것으로 생략할 수도 있다.

그런데 일부 명사 집단들은 통상적으로 특정한 전치사구를 필요로 한다. 이들 집단들을 크게 네 개로 나누어 볼 수 있다.

1. 명사 + to-전치사구

alternative, answer, approach, attitude, introduction, invitation, reaction, reference, resistance, return

c. There are plenty of alternatives to traditional marketing strategies.

d. He received an invitation to lunch.

e. Do we really want a return to economic chaos?

2. 명사 + for-전치사구

admiration, desire, need, reason, respect, responsibility, search, substitute, taste, thirst

f. All of us felt a strong desire for coffee.

g. She developed a taste for traveling.

3. 명사 + in-전치사구

decrease, difficulty, fall, increase, rise

h. I had great difficulty in learning to play the piano.

i. There was a steady increase in temperature.

4. 명사 + on-전치사구

agreement, attack, comment, effect, tax

j. There is no general agreement on the definition of happiness.

k. He declined to make a comment on the situation.

TEST YOURSELF

1. 다음 문장 중 어법상 옳지 않은 것은? (2013 지방직 9급) 참고 #62

① George has not completed the assignment yet, and Mark hasn't either.

② My sister was upset last night because she had to do too many homeworks.

③ If he had taken more money out of the bank, he could have bought the shoes.

④ It was so quiet in the room that I could hear the leaves being blown off the trees outside.

2. 밑줄 친 부분 중 어법상 옳시 않은 것을 모두 고른 것은? (2012 지방직 7급) 참고 #62

At one time there was nothing unusual about later motherhood. In many families, sibling births ㉠spanning a generation, and grandchildren were often similar in age to their parents' younger brothers and sisters. The medical perspective on later motherhood tends to be problem centered. 'Elderly' pregnant mothers ㉡are seen purely in terms of ㉢increased risks to themselves and their infants. Psychological research of women who become mothers later than usual ㉣are scarce, but those that are available suggest they ㉤have qualities which make them just as good, though different from their younger counterparts.

① ㉠, ㉣ ② ㉠, ㉤ ③ ㉡, ㉢ ④ ㉡, ㉢, ㉣

3. 어법상 옳지 않은 것은? (2017 국회 8급) 참고 #62

①Just as a picture or a furniture ②takes on much more interest if you know its history, ③so does a man ④become more real once the ancestral elements ⑤that shaped him are known.

4. 밑줄 친 부분 중 어법상 옳지 않은 것을 고르시오. (2010 국가직 7급) 참고 #62, 63

Bananas contain resistant starch which research ①shows ②block conversion of some carbohydrates into fuel, ③boosting fat burning by ④forcing your body to rely on fat stores instead—a sure aid to sustainable weight loss.

5. 다음 문장 중 어법상 옳지 않은 것은? (2010 국가직 7급) 참고 #62, 63, 66

① I want to have a beer.

② Are all the cattle in?

③ I need an advice for my business.

④ I really need some money.

6. 밑줄 친 부분 중 어법상 옳지 않은 것은? (2009 국가직 7급) 참고 #63

What you will probably not be able to do is ①to arrive at a single, unified, objective, literal ②understanding of that subject matter that ③do full justice to all aspects of the concept. The study of time, even within the limits of the metaphorical concepts we have, is ④an enormously useful enterprise.

7. 다음 중 문법적으로 틀린 곳은? (2013 국회 9급) 참고 #63

The heat wave of the summer ①is hitting the Seoul Metropolitan area this week. With that swelter ②comes the chances of heat stroke or heat exhaustion. Heat stroke occurs when the body loses its ability ③to regulate its temperature. Heat exhaustion is a bit different because it can develop ④over several days as a result of ⑤exposure to high temperatures and the failure to replace fluids.

8. 밑줄 친 부분 중 어법상 옳지 않은 것은? (2015 서울시 9급) 참고 #63

It was ①a little past 3 p.m. when 16 people gathered and sat cross-legged in a circle, blushing at the strangers they knew they'd ②be mingling with for the next two hours. Wearing figure-hugging tights and sleeveless tops in ③a variety of shape and size, each person took turns sharing their names and native countries. ④All but five were foreigners from places including the United States, Germany and the United Kingdom.

9. 다음 밑줄 친 부분 중 문법상 옳지 않은 것은? (2015 국회 9급) 참고 #63

Researchers at Carnegie Mellon University ①have found that individuals who spend even a few hours a week on-line ②experiences higher levels of depression and loneliness than ③those who spend less or no time on the Internet. They also found that individuals who use the Internet more tend to decrease their communication with other family members and ④reduce the size of their social circle. These findings are counterintuitive to ⑤what we know about how socially the Internet is used.

10. 다음 중 어법상 가장 적절하지 않은 것은? (2017 경찰공무원) 참고 #63

㉠Creating the electrical energy also creates environmental problems. We can't give up electricity, but we can control the ways we use ㉡it. We can use alternative sources of energy that ㉢is not as harmful to the environment as those which we are presently ㉣using.

① ㉠ ② ㉡ ③ ㉢ ④ ㉣

11. 밑줄 친 부분 중 어법상 가장 옳지 않은 것은? (2017 서울시 9급) 참고 #63

The idea that justice ①in allocating access to a university has something to do with ②the goods that ③universities properly pursue ④explain why selling admission is unjust.

12. 밑줄 친 부분 중 어법상 옳지 않은 것은? (2018 국회 8급) 참고 #63

Something similar can be said ①of other cherished goods and practices. Consider the rights and obligations of citizenship. If you are called ②to jury duty, you may not hire ③substitute to take your place. ④Nor do we allow citizens to sell their votes, even though ⑤others might be eager to buy them.

13. 어법상 옳은 것은? (2018 국회 8급) 참고 #64

① Students apply as much commitment to the extracurricular activities as they do to their general subjects.

② She was born in the Addis Ababa province of northern Africa, an area known as its spectacular vistas.

③ It is never too early to start caring for the land you live and grow up.

④ He had few winter clothing when he arrived at the camp.

⑤ He reads storybooks to children who don't access to TV.

14. 어법상 옳은 것은? (2017 국가직 지역인재 9급) 참고 #65

① You will have difficulty presenting any positive image.

② How effectively are media advisors in electing a candidate?

③ His overall approval rating has hovered around 70% last year.

④ His popularity remained highly throughout his first term in office.

15. 밑줄 친 부분 중 어법상 옳지 않은 것을 고르시오. (2011 국회 9급) 참고 #67

Playing dice has been ①a popular game for Western people, and 6 ②is considered to be the strongest number since it is the biggest number from a dice. Meanwhile, 7 is regarded ③as the lucky number probably because it is ④most likely to have 7 in a dice game when you roll two dice at ⑤a same time.

16. 우리말을 영어로 잘못 옮긴 것은? (2017 지방직 7급) 참고 #67

① 그녀의 남편은 부인이 옷값으로 얼마를 지불하는지 혹은 어디서 구입하는지에 관심이 없다.

→ How much she pays for her clothes or where she buys them does not interest her husband.

② 그는 하나의 일을 끝내자마자 다른 일을 하도록 요청을 받았다.

→ No sooner had he finished one task than he was asked to do another one.

③ 장학금이 제공되는 아홉 개의 부문은 다음 목록에서 볼 수 있다.

→ Nine categories of which scholarships will be offered can be seen to the following list.

④ 그가 현재 양호한 재정 조건하에 있다는 사실 외에는 나로서는 보고할 새 소식이 없다.

→ Other than the fact that he is now in good financial condition, I have no news to report.

17. 세 문장의 밑줄 친 부분에 들어갈 말이 순서대로 짝지어진 것은? (2011 국회 9급)참고 #68

- Many a student _____ to pass the exam.
- A number of people _____ late for work because there was a traffic accident.
- I could not read every _____ of the library.

① tries - were - book ② try - was - books
③ tries - was - book ④ try - were - books
⑤ tries - was - books

18. 밑줄 친 부분 중 어법상 옳지 않은 것은? (2009 국가직 9급) 참고 #68

①In the mid 1990s, ②it was estimated that 9 million Americans ③were planning a summer vacation alone. Since then, the number of solo travelers ④have increased.

19. 밑줄 친 부분 중 어법상 옳지 않은 것을 고르시오. (2012 지방직 7급) 참고 #68

The number of people ①taking cruises ②continue to rise and ③so does the number of complaints about cruise lines. Sufficient ④information is still missing.

20. 다음의 밑줄 친 부분 중 문법상 틀린 것을 고르면? (2014 국회 9급) 참고 #68

The number of new employees ①who requires extensive ②training in customer service procedures ③has declined since the company ④changed employment ⑤agencies.

21. 우리말을 영어로 잘못 옮긴 것은? (2013 지방직 9급) 참고 #68

① 그들은 지구상에서 진화한 가장 큰 동물인데, 공룡보다 훨씬 크다.
→ They are the largest animals ever to evolve on Earth, larger by far than the dinosaurs.

② 그녀는 나의 엄마가 그랬던 것만큼이나 아메리카 원주민이라는 용어를 좋아하지 않았다.
→ She didn't like the term Native American any more than my mother did.

③ 우리가 자연에 대해 정보를 받아들이는 것의 4분의 3은 눈을 통해 우리 뇌로 들어온다.
→ Three-quarters of what we absorb in the way of information about nature comes into our brains via our eyes.

④ 많은 의사들이 의학에서의 모든 최신의 발전에 뒤떨어지지 않기 위해서 열심히 공부한다.
→ The number of doctors study hard in order that they can keep abreast of all the latest developments in medicine.

22. 밑줄 친 부분 중 어법상 가장 옳지 않은 것은? (2016 서울시 9급) 참고 #68

He acknowledged that ①the number of Koreans were forced ②into labor ③under harsh conditions in some of the locations ④during the 1940's.

23. 밑줄 친 부분 중 어법상 옳지 않은 것은? (2015 지방교육행정직) 참고 #69

As our knowledge of emotional intelligence continues to evolve, ①so does this book on emotional and social intelligence. Just over ten years ②have passed since we wrote the first edition of this book. The previous revised editions were driven by the huge increase in knowledge, both scientific and experiential, ③that arose on this new topic. The present revision is primarily driven by the first major revision of the most widely used test of emotional intelligence in the world, the Emotional Quotient Inventory, now ④referring to as the Emotional Quotient Inventory 2.0.

24. 우리말을 영어로 잘못 옮긴 것은? (2016 지방직 7급) 참고 #71

① 탄소배출은 가스, 석탄, 석유와 같은 화석연료 연소의 결과물이다.
→ Carbon emissions are a result of burning fossil fuels such as gas, coal, or oil.

② 모든 연령대의 사람들이 여왕에게 존경을 표하기 위해 차려 입었다.
→ People of all ages dressed up to show themselves their respect to the queen.

③ 당뇨병은 우리 건강에 심각한 위협이지만 완벽히 예방할 수 있다.
→ Although diabetes is a critical threat to our health, it can be completely prevented.

④ 토요일로 예정된 집회는 금세기에 가장 큰 정치적 모임이 될 것이다.
→ The rally scheduled for Saturday will be the largest political gathering in this century.

25. 다음 중 어법상 옳은 것은? (2014 지방직 9급) 참고 #72

① Many a careless walker was killed in the street.
② Each officer must perform their duties efficient.
③ However you may try hard, you cannot carry it out.
④ German shepherd dogs are smart, alert, and loyalty.

26. 어법에 맞는 표현을 골라 가장 바르게 연결한 것은? (2013 경찰공무원) 참고 #78

> The first grapefruit trees in Florida, around Tampa Bay, ㉠<u>was/were</u> planted by Frenchman Count Odette Phillipe in 1823. Today, Florida produces more grapefruit than the rest of the world ㉡<u>to combine/combined</u>. The first skyscraper, the ㉢ <u>10-story/10-stories</u> Wainwright Building in St. Louis, was designed by Louis Henry Sullivan in 1891.

	㉠		㉡		㉢
①	was	—	combined	—	10-stories
②	was	—	to combine	—	10-stories
③	were	—	to combine	—	10-story
④	were	—	combined	—	10-story

27. 다음 중 문법상 틀린 것을 고르면? (2014 국회 9급) 참고 #78

① Tomato was borrowed from Mexico and pajamas from India.
② Our sandwich was named after a man named Sandwich.
③ That magnificent five-centuries-old palace was constructed by the Korean.
④ Placed 100 yards apart are tall towers.
⑤ In the outback are huge sheep and cattle ranches called "stations."

28. 빈칸에 각각 들어갈 말로 올바르게 짝지어진 것은? (2013 경찰공무원) 참고 #88

North Korea's neighbors in the region have one worried eye (　　) North Korea's nuclear test and (　　) Japan's rearmament on the excuse of keeping the peace in Asia.

① cock for, other for　② cocking, another
③ cocked with, the one with　④ cocked on, the other on

29. 어법상 옳지 않은 것은? (2017 지방직 9급) 참고 #88

① You might think that just eating a lot of vegetables will keep you perfectly healthy.
② Academic knowledge isn't always that leads you to make right decisions.
③ The fear of getting hurt didn't prevent him from engaging in reckless behaviors.
④ Julie's doctor told her to stop eating so many processed foods.

30. 어법상 옳은 것은? (2016 국가직 지역인재 9급) 참고 #89

① Being rainy, they cancelled the picnic.
② Not we but George knows the whole story.
③ My cat laid on the floor to take a nap.
④ Plan a winter vacation if you like skiing and to skate.

31. A, B에 들어갈 표현으로 어법상 가장 적절한 것은? (2016 지방교육행정직) 참고 #91

__(A)__ the fact that sport is a salient part of our daily lives, it has, until recently, received little serious study by sociologists. Accordingly, there __(B)__ few clear and compelling definitions and descriptions of sport as a social activity.

	(A)		(B)
①	Although	—	are
②	Despite	—	is
③	Despite	—	are
④	Although	—	is

32. 밑줄 친 부분 중 어법상 옳지 않은 것은? (2015 서울시 7급) 참고 #93

> ①Unless scientists discover new ways ②to increase food production, the Earth ③will not be able to satisfy the food needs of all ④their inhabitants.

33. 다음 우리말을 영작한 것 중 가장 적절한 것은? (2016 경찰공무원) 참고 #93

> 그는 위조지폐의 출처를 알아내는 데에 시간이 오래 걸렸다.

① It took him hours to find out where the counterfeited money came from.
② It took hours to find him out where the counterfeited money came from.
③ It took hours finding him out where the counterfeited money came from.
④ It took him hours to finding out where the counterfeited money came from.

34. 다음 중 어법상 가장 옳지 않은 것은? (2016 서울시 7급) 참고 #93

① No amateur can participate in the contest except that he is recommended by a previous prize winner.
② There go the last piece of cake and the last spoonful of ice cream.
③ Such was the country's solutions that they drew international attention to the issue.
④ I wish I had studied biology when I was a college student.

35. 어법상 빈칸에 들어가기에 가장 적절한 것은? (2016 서울시 9급) 참고 #93

> It was when I got support across the board politically, from Republicans as well as Democrats, _______ I knew I had done the right thing.

① who　　② whom　　③ whose　　④ that

36. 다음 밑줄 친 부분 중 어법상 옳지 않은 것은? (2016 국회 9급)　　참고 #93

If you haven't been living under a rock lately, ①you have most likely seen these cool new toys that have become extremely popular ②with celebrities and everyday people alike—the self balancing scooter with two wheels. ③They can go at a speed around 8km/h or 20km/h, ④depending on the model. It is lightweight, smart and easy to move and fun to ride. And it takes some time ⑤being used to.

37. 다음 밑줄 친 부분 중 어법상 옳지 않은 것은? (2016 지방교육행정직)　　참고 #93

Indeed, it is the nature of men ①that whenever they see profit, they cannot help chasing after ②them, and whenever they see harm, they cannot help running away. To illustrate, when the merchant engages in trade and travels twice the ordinary distance in a day, ③uses the night to extend the day, and covers a thousand miles without considering it too far, it is ④because profit lies ahead.

38. 밑줄 친 부분 중 어법상 가장 옳지 않은 것은? (2018 서울시 9급)　　참고 #93

When you find your tongue ①twisted as you seek to explain to your ②six-year-old daughter why she can't go to the amusement park ③that has been advertised on television, then you will understand why we find it difficult ④wait.

39. 어법상 옳지 않은 것은? (2015 지방직 7급)　　참고 #94

① He is alleged that he has hit a police officer.

② Tom got his license taken away for driving too fast.

③ The building was destroyed in a fire, the cause of which was never confirmed.

④ Under no circumstances can a customer's money be refunded.

40. 밑줄 친 부분 중 어법상 옳지 않은 것은? (2015 서울시 7급) 참고 #95

The ①adaptation of mammals ②to almost all possible ③modes of life parallels ④those of the reptiles in Mesozoic time.

41. 빈칸 A, B에 들어갈 표현으로 어법상 가장 적절한 것은? (2017 지방교육행정직)참고 #95

The French arrived in North America about the same time the English __(A)__, but France was more interested in the profitable fur trade than in colonization and sent few French settlers; as a result, the population of New France stayed tiny compared with __(B)__ of the English colonies to the south.

	(A)	(B)
①	did	— that
②	was	— this
③	did	— this
④	was	— that

42. 빈 칸에 순서대로 들어갈 말로 가장 적절한 것은? (2014 경찰공무원) 참고 #96

- Global warming has led to an increase ________ temperatures and sea levels, and much less polar ice.
- The big problem is ________ I don't get many chances to speak the language.
- I am very careful with my money and I enjoy ________ a bargain when I go shopping.

① on - when - find
② in - that - finding
③ to - what - to find
④ with - whether - found

Answer and Explanation

1	②	homework은 셀 수 없는 명사이므로 too much homework. ①번의 assignment는 셀 수 있는 명사임. ③번은 가정법 과거완료 문장으로 올바른 표현이며 ④번의 경우 지각동사 hear+목적어+수동태 표현임.
2	①	두 번째 문장은 접속사 'and'의 앞과 뒤에 같은 구조인 '절(주어+동사) and 절(주어+동사)'의 구문이다. 즉, 각 절에서 동사는 시제를 나타내야 한다. 따라서 ㉠은 문장 전체의 시제인 과거를 사용하여 spanned(~에 걸쳐서 나타나다)로 수정해야 한다. ㉣의 경우, research는 셀 수 없는 명사이므로 단수동사인 is로 수정.
3	①	furniture는 셀 수 없는 명사의 대표적인 예이다. 따라서 관사를 생략하거나 a piece of furniture로 표현. ③~④번 부분은 '~역시 그렇다'를 표현할 때 so를 사용하는 경우 주어와 동사를 도치시키는 규칙에 따른 것이다.
4	②	which이하 관계절에서 research shows는 삽입절이므로 동사 block은 blocks로 해야 함. which의 선행사 resistant starch가 셀 수 없는 단수명사이므로.
5	③	advice는 셀 수 없는 명사이므로 an을 생략. ①번의 a beer는 맥주 한잔을 의미하므로 셀 수 있음. ②번의 cattle은 소의 집단(집합)을 나타내므로 복수동사 필요.
6	③	'do full justice to'앞의 관계대명사 that의 선행사인 'a single ... understanding of that subject matter'가 단수이므로 do대신에 does를 사용해야함.
7	②	이유를 나타내는 전치사구인 'with that swelter' 다음에 도치 구문이 사용되고 있다. 주어가 복수인 the chances 이므로 동사는 comes가 아닌 come이 적절.
8	③	'다양한 모양과 크기들'에 맞는 표현은 a variety of shapes and sizes임. 'blushing at the strangers they knew they'd be mingling with' 구문을 분석하면 먼저 they knew는 삽입절이므로 생략할 수 있다. blushing at the strangers와 they would be mingling with 사이에는 관계대명사 who/whom가 생략된 형태이다. blushing at the strangers (they knew) (who/whom) they would be mingling with의 구문이다. the strangers는 with의 목적어이자 관계절의 선행사임.
9	②	②번 동사의 주어는 복수 명사인 individuals이므로 복수 동사 experience가 맞음.
10	③	관계대명사 that의 선행사 'alternative sources of energy'가 복수이므로 동사는 are가 적절함.
11	④	문장 전체의 주어가 3인칭 단수인 the idea이므로 explain > explains로 수정.

12	③	③번 substitute는 '대리인' 뜻을 지닌 셀 수 있는 명사이다. 따라서 문맥에 맞게 단, 복수를 표시해야 하는데 글의 흐름에 단수가 적절하므로 a substitute로 수정. ①번의 'be said of'는 '~에 대해 언급하다'뜻이며, ②번의 'be called to'는 '~요청을 받다'로 문맥에 적합하다. ④번의 'Nor' 경우는 앞 문장이 부정문이며 이어지는 문장도 부정적인 내용을 언급하므로 적절하다. ⑤번의 others는 앞에서 언급된 어떤 사람(집단)을 제외한 모든 이들을 지칭할 때 사용하는 표현이다.
13	①	①번은 'as ~ as'의 원급 비교 구문으로 올바름. ②번에서 '아름다운 경치로 잘 알려져 있는'을 표현하기 위해서는 'known for'로 수정. ③번은 문맥상 '~해도 결코 늦지 않다'가 적절하므로 'never too late to ~'로 수정. ④번에서 clothing은 셀 수 없는 명사이므로 few를 little로 수정. ⑤번의 access는 명사이므로 don't 다음에 바로 사용할 수 없다. 따라서 'don't have access to'로 수정.
14	①	①번의 'have difficulty V-ing'는 '~하는데 어려움을 겪다'의 숙어임. ②번의 How effectively는 are의 보어 역할을 수행해야하므로 부사는 사용할 수 없다. 따라서 형용사인 How effective로 수정. ③번은 시제의 오류를 포함하고 있는데, 과거의 특정 시점을 구체적으로 나타내는 표현(예 yesterday, in 1995, last year)이 있을 때는 단수 과거 시제를 사용해야 한다: has hovered > hovered. ④번의 동사 remain은 be동사와 같은 의미와 역할을 지닌다. 따라서 보어로서는 형용사를 취하므로 highly > high로 수정.
15	⑤	'동시에'를 표현하기 위해서는 'at the same time'으로 수정.
16	③	③번 문장은 관계절을 활용하여 두 문장을 하나로 합친 것으로, 오류부분을 수정하여 올바른 두 개의 문장으로 다시 나누면 다음과 같다: <u>The</u> nine categories can be seen <u>in</u> the following list. Scholarships will be offered <u>in</u> the nine categories. 이 두 문장을 다시 합치면 다음 문장이 만들어진다. The nine categories in which scholarships will be offered can be seen in the following list. 따라서 ③번 문항의 오류는 nine categories가 관계절에 의해 제한되므로 정관사를 앞에 써야한다는 점, '아홉 개 부분으로 제공된다'고 할 때 전치사를 of 대신에 in을 사용해야하며, '다음 목록에서 볼 수 있다'에서 to 대신에 in을 사용해야 하는 문제점을 지니고 있다. ②번 문장은 'No sooner A than B(A하자마자 B를 하다)' 구문이다. 이 구문은 부정어 표현이 문장의 앞에 위치하므로 주어와 동사를 도치시키는데 동사구가 여러 표현으로 이루어진 경우 첫 단어만 앞으로 이동한다. 따라서 'had+주어+과거 분사' 사용. 그리고 than 이하는 앞의 일보다 나중에 일어났으므로 '주어+과거 시제'를 사용한 올바른 문장이다.
17	①	'many+a/n+단수 명사'는 단수 취급을 하므로 tries가 맞음. 'a number of+복수 명사'는 복수 취급을 하므로 were가 필요. every 다음에는 단수 명사를 사용하므로 book이 정답.
18	④	주어가 the number이므로 단수 동사 필요. 이 문제의 경우 the number of 다음에는 단수 동사, a number of 다음에는 복수 동사를 사용해야 한다는 것을 테스트하기 위한 의도임. ③번에서 과거 진행형을 사용한 것은, 문장 처음에

		'1980년대 중반에는'이라는 (한 순간의 사건이 아닌) 지속적인 기간을 언급했으므로 그 기간 동안에 일어나고 있었던 사건을 다루므로 진행형이 가능하다.
19	②	주어가 the number이므로 단수 동사 필요. 따라서 continues to로 수정. ③번의 도치 구문도 주어가 the number이므로 does를 사용함. ④번의 information은 셀 수 없는 명사이므로 단수 동사 사용.
20	①	①번 이하 관계절의 선행사는 new employees가 아니라 the number이므로 which 또는 that이 올바름.
21	④	많은 의사들을 의미할 때는 'a number of doctors+복수동사'를 사용. 'the number of doctors'는 '의사들의 숫자'를 의미하며 단수동사를 사용. ②번에서 'not A any more than B'는 'B처럼 A도 아니다'를 뜻하는 구문. ④번의 'keep abreast of'는 '뒤쳐지지 않고 따라가다' 의미의 숙어.
22	①	'많은 한국 사람들'에 올바른 표현은 'a number of Koreans'이다.
23	④	④번에서 referring의 주어는 Emotional Quotient Inventory이므로 능동형이 아닌 수동형 referred가 옳음. ②번에서 주의할 점은, 시간, 돈(10 dollars), 거리(20 kilograms)등의 복수형은 언제나 단수 동사를 취하는 것으로 여기면 안 된다는 것이다. ten years를 하나의 묶음으로 보는 것이 아니라, 한해 한해가 소중했음을 의미할 때는 합계가 10개인 것으로 여기므로 복수 동사를 사용할 수 있다.
24	②	타동사인 show는 문맥상 목적어를 하나만(존경을 표하다) 필요로 한다. 그런데 themselves와 their respect 두 개의 목적어를 포함하고 있다. 올바른 문장으로 만들기 위해서는 themselves를 생략하는 방법과 themselves를 이동하여 'dressed themselves up'으로 표현하는 방법이 있다.
25	①	'many+단수 명사구'는 의미는 복수이지만 단수 동사를 사용한다. ②번에서 동사 perform을 수식하는 표현으로 부사인 efficiently가 적절함. 주어 each officer는 단수이지만 성별을 알 수 없을 때는 복수형을 써서 다시 지칭하는 것이 요즘의 영어이므로 their 사용은 올바름. ③번 '네가 아무리 열심히 노력해도'의 양보절을 이끄는 부사표현은 However hard you may try가 적절. ④번에서 동사 are 다음에는 같은 품사의 표현들을 나열해야하므로 loyalty 대신에 loyal로 수정.
26	④	㉠의 주어는 복수인 trees이므로 were가 맞음. ㉡은 '합쳐진'의 뜻을 가진 수동형 표현 combined 사용. ㉢은 두 단어가 더해져 명사를 수식하는 형용사 역할을 할 때 단수 표현을 사용하므로 10-story가 올바른 표현.

27	③	③번의 '숫자+시간+형용사'가 다른 명사를 수식하는 경우에는 시간을 나타내는 명사를 단수로 사용하므로 five-century-old로 수정. ④, ⑤번은 장소 표현을 문장 처음에 위치시킬 때 주어와 동사를 도치하는 규칙을 따른 올바른 표현임.
28	④	두 가지의 사물(사건)을 각각 지칭할 때 사용하는 one ... the other에 관한 문제. '~ 사안에 눈을(관심을) 고정하다' 뜻을 가진 숙어는 cock on으로 사람이 주체일 때는 능동형을 사용하지만 목적어 eye가 주체이므로 수동형인 cocked on을 사용. 두 번째 빈칸에는 'the other worried eye on'이 전체 표현이지만, 앞서 사용된 worried eye의 반복을 피하면 the other on이 맞는 표현.
29	②	②번의 that이하는 관계절인데 선행사가 없는 오류를 지니고 있다. 올바른 표현은 선행사를 넣어서 'the one that leads you ...'로 하거나 선행사를 포함하는 관계대명사인 what을 사용하여 'isn't always what leads ...'로 수정하면 된다.
30	②	②번은 'Not A but B' 구문으로 동사는 B에 일치시키므로, 3인칭 단수 명사에 맞는 동사를 사용하고 있음. ①번 분사구문의 주어는 날씨를 가리키는 it이므로(즉, 주절의 주어와 다르므로) It being rainy로 수정. ③번에서 cat이 스스로 누울 수 있으므로 lie의 과거형인 lay가 필요. laid는 lay(~를 눕히다)의 과거형. ④번의 like 다음에는 동일한 형태의 동사 표현을 사용해야하므로 like skiing and skating.
31	③	although는 접속사이므로 뒤에 주어+동사의 절을 사용해야 하며, despite는 전치사이므로 명사표현을 필요로 한다. 따라서 (A)는 despite가 적절. There 다음의 동사는 문장의 실질적 주어의 수에 일치함. definitions and descriptions가 복수이므로 are가 적절.
32	④	④번은 the Earth를 지칭하는 소유격이 필요하므로 3인칭 단수인 its로 수정. ③번의 경우 미래의 상황을 언급할 때, 조건 부사절에서는 현재 시제를 사용하고 주절에서는 미래 시제를 사용하는 원칙을 따름.
33	①	'~가 ㅡ하는데 ...이 필요하다'에 적절한 구문은 'It takes somebody something to+동사원형'이므로 정답은 ①번.
34	③	③번은 흔히 말하는 It ~ that-절 강조 구문을 필요로 하는 내용이다. 즉 'It+be 동사+강조할 내용+that-절'로 표현. ②번 '여기 있습니다'에 맞는 표현은 'There+go(es)+주어'인데 주어가 복수이므로 go를 사용.
35	④	It ~ that-절 강조 구문 중 하나로 'It+be 동사+강조할 내용+that-절'의 형식을 취하고 있다.

36	⑤	⑤번은 '~하는데 시간이 걸리다'를 표현하는 'it takes+시간+V-ing'구문이다. 그런데 'being used to'는 '~에 현재 익숙해 있다'를 뜻한다. '~에 익숙해지는데 시간이 좀 걸린다'를 표현하기 위해서는 'getting used to'가 적절함.
37	②	②번의 chasing after(~을 추구하다) 다음에는 profit을 지칭하는 대명사를 사용해야 하므로 단수인 it이 맞음. ①번은 it ~ that-절 용법임. ③번은 주어인 the merchant가 하는 세 가지 활동(engages, uses, covers)중 하나를 표현.
38	④	마지막 절은 'it(가목적어) ~ to+동사원형(진목적어)'의 대표적인 표현인 'find+it+형용사(보어 역할)+to+동사원형' 표현이다. 따라서 to wait로 수정.
39	①	'사람들이 ~라고들 주장 한다'에 올바른 구문은 'It is alleged that he has hit ...' 또는 'He is alleged to have hit ...'이다.
40	④	④번에 적절한 표현은, 단수인 adaptation을 다시 지칭하는 대명사이므로 those가 아닌 that을 사용해야 함.
41	①	(A)에는 '영국 사람들이 도착할 때와 같은 시기에 ...'를 표현하기 위해서는 arrived의 의미를 나타낼 수 있는 대동사(일반 동사를 대신할 수 있는 표현) did가 필요. (B)에는 '남쪽 영국 식민지들의 인구'에 해당 표현, 즉 population을 지칭하는 대명사가 필요하므로 that이 올바름.
42	②	증가(increase)나 감소(decrease) 의미를 지닌 명사 다음에 사용하는 전치사는 in. 두 번째 빈 칸은 'is'의 보어로 명사절을 이끄는 that이 필요. enjoy 다음에 동사형태의 목적어는 V-ing를 사용하므로 finding이 맞음.

김경석

(현) 경기대학교 영어영문학과 교수
고려대학교 영어교육과 학사
University of Illinois at Urbana-Champaign 영어교육학 석사
University of Pennsylvania 교육언어학 박사

한국영어교육학회 부회장
대학수학능력시험 출제위원
중등교사 임용시험 출제위원
외무고시 2차 시험 출제위원
기술고시, 지방고시 시험위원
경찰대학교 1차 시험 출제위원
국비유학생 선발 1차 시험 출제위원
국가직 7급 공채시험 출제위원
국가직 9급 공채시험 출제위원
지방직 7급 공채시험 출제위원
지방직 9급 공채시험 출제위원
경찰공무원 채용시험 출제위원
부산시 공무원 임용시험 출제위원
경기도 지방공무원 임용시험 출제위원
국가영어능력시험 출제위원

영문법 독립

초판 1쇄 발행 _ 2019년 3월 11일
1판 2쇄 발행 _ 2022년 10월 4일

저 자 · 김 경 석
발행인 · 정 현 걸
발 행 · 신 아 사
인 쇄 · 대명프린팅
주 소 · 서울특별시 은평구 통일로 59길 4 (2층)
전 화 · (02) 382-6411 팩스 · (02) 382-6401
홈페이지 · www.shinasa.co.kr
E-mail · shinasa@daum.net
출판등록 · 1956년 1월 5일 (제 9-52호)

ISBN 978-89-8396-337-6 (93740)

정가 13,000원